主　编：

邢捍国

编委（按汉语拼音音序排列）：

蔡荷芳　刘　岚　王红梅　王　咏　邢亚红　张海翔　周晓华　周　洋

方音矫正

FANGYIN JIAOZHENG

邢捍国 主编

中国传媒大学出版社

图书在版编目(CIP)数据

方音矫正/邢捍国主编.—北京:中国传媒大学出版社,2012.5
ISBN 978-7-5657-0453-6

Ⅰ.①方… Ⅱ.①邢… Ⅲ.①普通话—正音法
Ⅳ.①H102

中国版本图书馆 CIP 数据核字(2012)第 044658 号

方音矫正

主　　编	邢捍国
策划编辑	冬　妮
责任编辑	李水仙　张　旭
封面设计	阿　东
责任印制	张　玥
出 版 人	蔡　翔

出版发行	中国传媒大学出版社	
社　　址	北京市朝阳区定福庄东街1号	邮编:100024
电　　话	86—10—65450528　65450532	传真:65779405
网　　址	http://www.cucp.com.cn	
经　　销	全国新华书店	
印　　刷	北京中科印刷有限公司	
开　　本	880×1230mm　1/32	
印　　张	7.25	
版　　次	2013年5月第1版　2013年5月第1次印刷	
书　　号	978-7-5657-0453-6/H・0453	
定　　价	28.00元(附CD一张)	

版权所有　翻印必究　印装错误　负责调换

目录

CONTENTS

1	为什么要矫正方音
1	**第一章　普通话语音系统简明练习**
1	1. 普通话400个基本音节读写集中练习
4	2. 普通话音节表
9	3. 普通话声母发音部位、发音方法表
10	4. 声母表　声母诗1——采桑
	声母诗2——颂太平
11	5. 韵母表　韵母诗——捕鱼歌
12	6. 声调表
14	**第二章　方音辨正练习**
14	一、声母方音辨正
14	1. zh、ch、sh——z、c、s
36	2. j、q、x——zh、ch、sh——z、c、s
39	3. 尖团音
42	4. n——l
51	5. r——l

55	6. r 的发音
55	7. f——h
60	8. h 的摩擦
61	9. 送气——不送气
62	10. v——w
63	11. m 的发音
63	二、韵母方音辨正
63	1. an/ang、en/eng、in/ing、un/ong、ün/iong、üan 的发音
95	2. 分清 i、ü
101	3. 分清宽窄复韵母
109	4. 不要把 bo、po、mo、fo 读成 be、pe、me、fe
109	5. 不要把 beng、peng、meng、feng 读成方音 bong、pong、mong、fong
110	6. 不要把 fei 读成 fi
110	7. 不要掉了韵头
111	8. 儿化
118	9. 单元音韵母的发音保持

119	**三、声调方音辨正**
119	1. 声调与变调的发音
120	2. 声调发音要注意
120	3. 读准声调的技巧
120	4. 声调词语对比练习
123	5. 上声变调
123	6. "一、不"变调
124	7. 阴平、去声对比成语练习
125	8. 绕口令
126	9. 轻声
135	10. 普通话中词语的轻重音格式
136	11. 入声
142	**第三章 综合练习**
142	1. 普通话400基本音节组词典型练习
146	2. 常见古诗练习

151	3. 容易读错的声母、韵母练习
157	4. 绕口令、快板
162	5. 故乡（散文朗诵）
163	6. 2500 常用字（按常用度排序）
170	7. 实用短句
171	8. 自我介绍
172	9. 蝈蝈蛐蛐对吹（快板）
173	10. 最常用的普通话多音节词语
181	11. 爱吃糖的妹妹（趣味故事）
183	12. 雪（打油诗）
183	13. 同义成语韵律朗读
185	14. 反义成语韵律朗读
188	15. 多字熟语、诗句、对联、顺口溜（部分）
192	16. 常用形声字
207	17. 多音字造句
214	18. 报花名（贯口词）

215	19. 测试作品 22 号——可爱的小鸟
216	20. 测试作品 31 号——"能吞能吐"的森林
218	21. 测试作品 32 号——朋友和其他
219	22. 熟语、诗句顶真续麻练习(250 个)
222	23. 中国主要城市(贯口词)

为什么要矫正方音

方言是语言在时间和空间的共同作用下所形成的地域变体。每种方言在语音、词汇、语法方面都与民族共同语有着不同程度的差异,而最显著的是语音系统的差异。汉语诸多方言的差异有的可以大到不能彼此交流的程度,这在全世界都是少见的。

汉语有七大方言区:以北京话为代表的北方话,以上海话(现在)和苏州话(早期)为代表的吴方言,以长沙话为代表的湘方言,以南昌话为代表的赣方言,以梅县话为代表的客家方言,以广州话为代表的粤方言,以福州话和厦门话为代表的闽方言。根据汉语七大方言内部分歧的特点,还可以进一步分为区、片、小片、点。

方言在丰富的社会生活中常常有着不可替代的重要作用,所以我们应该尊重方言,保护方言,甚至要学好、用好方言。但在现代这个开放的社会中,只会说方言或虽会说普通话但方音太重,都会妨碍交流,影响个人和团队形象,因为普通话水平的高低还有声地展示着人的受教育程度、机构的开放程度等等。所以,矫正方音也是当代人提高自身素质的重要一环。

经过60多年的努力,目前,我国能够运用普通话进行交流的人群约占人口总数的70%左右。这部分人中方言色彩较重者和其他30%不会用普通话交流的人,都应该克服方音的影响,学习普通话,说好普通话,为进入更加广阔的生活创造语言条件。

第一章 普通话语音系统简明练习

你对普通话语音系统把握得怎么样？读读看：

1. 普通话 400 个基本音节读写集中练习

（每个音节基本只出现一次）

shuāng bāo tāi　　yuán dàn jié　　miù shuō
双　胞　胎　　　元　旦　节　　　谬　说

shén hún diān dǎo　　tuán duì　　lěng pì
神　魂　颠　倒　　　团　队　　　冷　僻

yùn lǜ cāo　　suí jī yìng biàn　　mù dèng kǒu dāi
韵　律　操　　随　机　应　变　　目　瞪　口　呆

yú wēng　　bái kāi shuǐ　　jùn gōng　　mó guài
渔　翁　　白　开　水　　　竣　工　　魔　怪

qiǎng pò　　xióng zhuàng　　chuǎi cè　　chuāng huā
强　迫　　　雄　壮　　　　　揣　测　　窗　花

guó kù　　diāo kè　　shuǎ nào　　yǒng héng
国　库　　雕　刻　　　耍　闹　　　永　恒

pín ruò　　niàng zào　　biāo xíng dà hàn
贫　弱　　　酿　造　　　彪　形　大　汉

方音矫正

sòng gěi tā	rǎo rǎng	gēn zōng	jiā juàn
送给他	扰攘	跟踪	家眷

qǐ dí	chuān suō	kuài tǐng	měi chāi
启迪	穿梭	快艇	美差

kēng shēng	ēn qíng	yǔn zhǔn	hūn jūn
吭声	恩情	允准	昏君

jiǔ bié chóng féng	bā xiān zhuō	qióng zhuī
久别重逢	八仙桌	穷追

nín xuǎn shéi	mén shuān	chuǎi mó
您选谁	门闩	揣摩

cuī mián qǔ	fēn wéi	luó pán	cāng hǎi yī sù
催眠曲	氛围	罗盘	沧海一粟

mǎn zú	jiāng nán	róu nèn	zhuàng guān
满足	江南	柔嫩	壮观

zēng tiān	ér sūn	yuè qiú	kuáng rè
增添	儿孙	月球	狂热

yě chuī	hōng tuō	rēng zǒu	kěn qiú
野炊	烘托	扔走	恳求

qiā suàn	hā yāo	kuà lán	kǎ piàn
掐算	哈腰	跨栏	卡片

chuǎng huò	nèi zàng	lòu wǎng	cēn cī
闯祸	内脏	漏网	参差

hào zhào	miào shǒu huí chūn	né zhā	guà niàn
号召	妙手回春	哪吒	挂念

xiāo miè	nǎi píng	gēng tì	kān tàn
消灭	奶瓶	更替	勘探

xuàn yùn	ní nìng	diū rén	lùn wén
眩晕	泥泞	丢人	论文

chóng luán dié zhàng	dé cùn jìn chǐ	kàng zhèn
重峦叠嶂	得寸进尺	抗震

第一章　普通话语音系统简明练习

liě zuǐ	cù gāng	wǎ pén	lìn sè
咧嘴	醋缸	瓦盆	吝啬

nòng cháo ér	kǔn zā	fó xiàng	fèi xū
弄潮儿	捆扎	佛像	废墟

xià shuāng	jǐng chá jú	tuì piào
下霜	警察局	退票

zhǎn zhuǎn fǎn cè	xié è	mǐn ruì	mí xìn
辗转反侧	邪恶	敏锐	迷信

tǔ tè chǎn	táng láng bǔ chán, huáng què zài hòu
土特产	螳螂捕蝉，黄雀在后

nüè shā	běn néng	ā lā bó shù zì
虐杀	本能	阿拉伯数字

jiǒng kuàng	gǔn rè	guǎi mài	nǔ quán
窘况	滚热	拐卖	女权

lǎo niú pò chē	xún huán	juān xiù
老牛破车	循环	娟秀

xǐ nù āi lè	wài qiáng zhōng gān	liáo yǎng
喜怒哀乐	外强中干	疗养

sǔn huài	chéng nuò	sēng duō zhōu shǎo
损坏	承诺	僧多粥少

sāo dòng	shī féi	dǒu lì	róng nà
骚动	施肥	斗笠	容纳

xiá guāng	qiē cuō	chuò xué	zán liǎ
霞光	切磋	辍学	咱俩

jiǎng yè	háng kōng	rùn zé	còu qiǎo
奖掖	航空	润泽	凑巧

chén sī	kuò sàn	pèi tào	jiān dū
沉思	扩散	配套	监督

sā niào	gǔ wán	lèi hén	qīn lüè
撒尿	古玩	泪痕	侵略

方音矫正

yīn cái shī jiào　　kào lǒng　　māo cuān gǒu tiào
因 材 施 教　　靠 拢　　猫 蹿 狗 跳

fēi zéi　　kūn péng　　bī shàng liáng shān
飞 贼　　鲲 鹏　　逼 上 梁 山

tóng méng　　kuān zhǎi　　gǎi gé　　zuò niè
同 盟　　宽 窄　　改 革　　作 孽

dāng tóu bàng hè　　fū qiǎn　　sōu xún　　jiǔ quán
当 头 棒 喝　　肤 浅　　搜 寻　　酒 泉

zhēng fā　　pāi shè　　hēi xióng　　liǎn páng
蒸 发　　拍 摄　　黑 熊　　脸 庞

tūn bìng　　ruǎn wò　　tiě zuàn　　zěn me
吞 并　　软 卧　　铁 钻　　怎 么

gā lí　　zhuāng huáng　　qīng kuài　　zhǐ jiāng
咖 喱　　装 潢　　轻 快　　纸 浆

xuǎn xiū　　áo xiáng　　sàng ǒu　　dé áng zú
选 修　　翱 翔　　丧 偶　　德 昂 族

zhì náng　　yīn móu　　dùn hào　　dāo gēng huǒ nòu
智 囊　　阴 谋　　顿 号　　刀 耕 火 耨

xuě bēng　　piě zuǐ　　zhuā zéi　　yáng qún
雪 崩　　撇 嘴　　抓 贼　　羊 群

āi yō　　lìng zūn　　zhè ge
哎 哟　　令 尊　　这 个

<u>逐一读出下面的音节,熟悉普通话的声韵配合系统：</u>

2. 普通话音节表

　　普通话的22个声母(21个辅音声母和一个零声母)和39个韵母,400个基本音节和4个调类,有的能配合成普通话音节,有的却不能,这和各地方言是有所不同的。熟悉这种配合关系,有助于辨正方音。下表中基本音节没有阴平字或阴平字不常用的,标阳平;以此类推。

韵母\声母	零声母	b	p	m	f	d	t	n	l	g	k	h	j	q
a	ā	bā	pā	mā	fā	dā	tā	nā	lā	gā	kā	hā		
o	ō	bō	pō	mō	fó									
e	ē			me		dē	tè	né	lē	gē	kē	hē		
ê	ê													
i	yī	bī	pī	mī		dī	tī	nī	lī				jī	qī
u	wū	bū	pū	mú	fū	dū	tū	nú	lū	gū	kū	hū		
ü	yū							nǚ	lǘ				jū	qū
ai	āi	bāi	pāi	mái		dāi	tāi	nái	lái	gāi	kāi	hāi		
ei		bēi	pēi	méi	fēi	dēi		něi	lèi	gěi	kēi	hēi		
ao	āo	bāo	pāo	māo		dāo	tāo	nāo	lāo	gāo	kǎo	hāo		
ou	ōu		pōu	mōu	fōu	dōu	tōu	nōu	lōu	gōu	kōu	hōu		
iu	yōu			miù		diū		niū	liū				jiū	qiū
ie	yē	biē	piē	miē		diē	tiē	niē	liē				jiē	qiē
üe	yuē							nüè	lüè				juē	quē
er	ér													
an	ān	bān	pān	mán	fān	dān	tān	nán	lán	gān	kān	hān		
en	ēn	bēn	pēn	mén	fēn			nèn		gēn	kěn	hén		
un	wēn					dūn	tūn		lūn	gūn	kūn	hūn		
in	yīn	bīn	pīn	mín									jīn	qīn

方音矫正

续表

韵母\声母	a	o	e	ê	i	u	ü	-i	ai	ei	ao	ou	iu	ui	ie	üe	er	an	en	un	in
x					xī		xū						xiū		xiē	xuē					xīn
z	zā		zé			zū		zī	zāi	zéi	zāo	zōu		zuǐ				zān	zěn	zūn	
c	cā		cè			cū		cī	cāi		cāo	cōu		cuī				cān	cēn	cūn	
s	sā		sè			sū		sī	sāi		sāo	sōu		suí				sān	sēn	sūn	
zh	zhā		zhē			zhū		zhī	zhāi	zhèi	zhāo	zhōu		zhuī				zhān	zhēn	zhūn	
ch	chā		chē			chū		chī	chāi		chāo	chōu		chuī				chān	chēn	chūn	
sh	shā		shē			shū		shī	shāi	shéi	shāo	shōu		shuí				shān	shēn	shǔn	
r			rě			rú		rì			ráo	róu		ruǐ				rán	rén	rùn	

第一章　普通话语音系统简明练习

韵母\声母	üan	uo	ueng	uang	uan	uai	ua	iong	iao	iang	ian	ia	ong	ing	eng	ang	ün
零声母	yuān	wō	wēng	wāng	wān	wāi	wā	yōng	yāo	yāng	yān	yā		yīng	ēng	āng	yūn
b									biāo		biān			bīng	bēng	bāng	
p									piāo		piān			pīng	pēng	pāng	
m									miāo		miān			míng	mēng	māng	
f															fēng	fāng	
d		duō			duān				diāo		diān		dōng	dīng	dēng	dāng	
t		tuō			tuān				tiāo		tiān		tōng	tīng	tēng	tāng	
n		nuó			nuán				niǎo		niān	niáng	nóng	níng	néng	nāng	
l		luō			luán				liāo		liān	liáng	lōng	líng	lēng	lāng	
g		guō		guāng	guān	guǎi	guā						gōng		gēng	gāng	
k		kuò		kuāng	kuān	kuǎi	kuā						kōng		kēng	kāng	
h		huō		huāng	huān	huái	huā						hōng		hēng	hāng	
j	juān							jiǒng	jiāo	jiāng	jiān	jiā		jīng			jūn

方音矫正

续表

韵母\声母	ün	ang	eng	ing	ong	ia	ian	iang	iao	iong	ua	uai	uan	uang	ueng	uo	üan
q	qún			qīng		qiā	qiān	qiāng	qiāo	qióng							quān
x	xūn			xīng		xiā	xiān	xiāng	xiāo	xiōng							xuān
z		zāng	zēng		zōng								zuān			zuō	
c		cāng	cēng		cōng								cuān			cuō	
s		sāng	sēng		sōng								suān			suō	
zh		zhāng	zhēng		zhōng						zhuā	zhuāi	zhuān	zhuāng		zhuō	
ch		chāng	chēng		chōng						chuā	chuāi	chuān	chuāng		chuō	
sh		shāng	shēng								shuā	shuāi	shuān	shuāng		shuō	
r		rāng	rēng		róng								ruǎn			ruò	

第一章 普通话语音系统简明练习

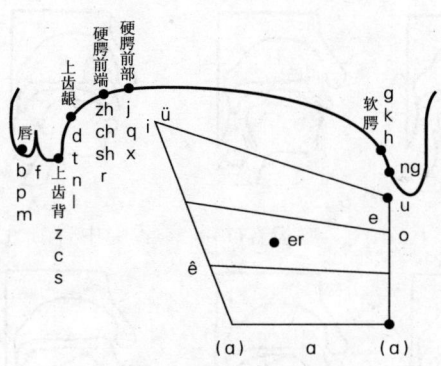

音素舌位综合示意图

3. 普通话声母发音部位、发音方法表

发音方法 \ 发音部位		唇音		舌尖前音	舌尖中音	舌尖后音	舌面音	舌根音
		双唇音	唇齿音					
		上唇 下唇	上齿 下唇	舌尖 齿背	舌尖 齿	舌尖 上齿龈	舌面前 硬腭前	舌根 软腭
塞音	清音 不送气音	b			d			g
	清音 送气音	p			t			k
塞擦音	清音 不送气音			z		zh	j	
	清音 送气音			c		ch	q	
擦音	清音（声带颤动）		f	s		sh	x	h
	浊音（声带不颤动）					r		
鼻音	浊音	m			n			(ng)
边音	浊音				l			

方音矫正

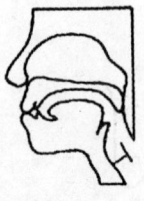  

双唇音(b、p、m)　　唇齿音(f)　　舌尖中音(d、t、n、l)

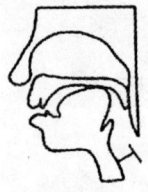 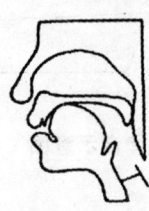 

舌根音(g、k、h)　　舌面音(j、q、x)　　舌尖后音(zh、ch、sh、r)

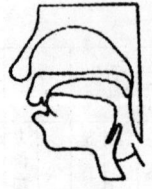

舌尖前音(z、c、s)

发音器官纵切面示意图

4. 声母表

```
b  p  m  f  d  t  n  l
玻 坡 摸 佛 得 特 讷 勒
```

第一章　普通话语音系统简明练习

g k h j q x
哥 科 喝 基 欺 希

zh ch sh r z c s
知 蚩 诗 日 资 雌 思

声母诗1——采桑

ch r q m z c s j t n
春日起每早,采桑惊啼鸟。

f g p b x h k l zh d sh
风过扑鼻香,花开落,知多少。

声母诗2——颂太平

z y j n m x b d f l
子夜久难明,喜报东方亮。

c r sh g s t p zh k q h ch
此日笙歌颂太平,众口齐欢唱。

5. 韵母表

	i 衣	u 乌	ü 迂
a 阿	ia 呀	ua 蛙	
o 噢		uo 窝	
e 鹅；ê 欸	ie 耶		üe 约
ai 哀		uai 歪	
ei 欸		uei 威	
ao 熬	iao 腰		

方音矫正

续表

ou 欧	iou 优		
an 安	ian 烟	uan 弯	üan 冤
en 恩	in 因	uen 温	ün 晕
ang 昂	iang 央	uang 汪	
eng "风"的韵母	ing 英	ueng 翁	
ong "红"的韵母	iong 雍		

韵母诗——捕鱼歌

周有光

（共40字，包含了全部韵母39个）

Rén yuǎn jiāng kōng yè làng huá yī zhōu qīng
人 远 江 空 夜， 浪 滑 一 舟 轻。

Wǎng zhào bō xīn yuè gān chuān shuǐ miàn yún
网 罩 波 心 月， 竿 穿 水 面 云。

ér yǒng ēi yōu diào lǔ hè āi ā shēng
儿 咏 欸 呦 调， 橹 和 哎 啊 声。

Yú xiā liú wèng nèi kuài huo sì shí chūn
鱼 虾 留 瓮 内， 快 活 四 时 春。

6. 声调表

调类	调形	调值	调号	调值描写	例子
阴平	高平	55	ˉ	起音高高一路平	鲜花
阳平	中升	35	ˊ	从中到高升到顶	黎明
上声	降升	214	ˇ	半低最低扬到4	水果
去声	全降	51	ˋ	最高降到最底层	锻炼

标记声调的调值，一般采用"五度标调法"。普通话四个基本调类及其变体的调值可以用下图表示出来：

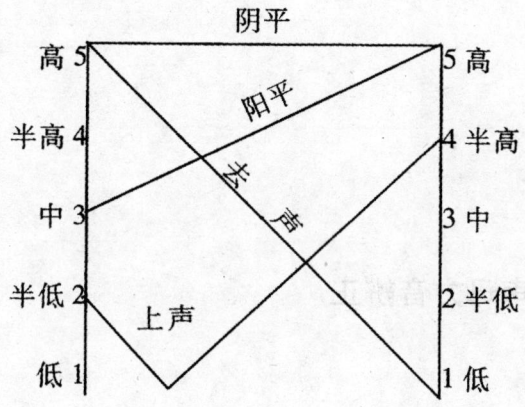

方音矫正

第二章 方音辨正练习

一、声母方音辨正

1. zh、ch、sh——z、c、s

z、c、s 是舌尖前音,发音时舌头平伸,舌尖要轻轻抵住或接近上齿背,所以称为平舌音;而 zh、ch、sh 是舌尖后音,舌尖与硬腭前部形成阻碍,舌尖上翘,所以叫翘舌音。

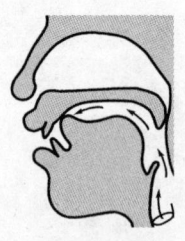
zh 发音图

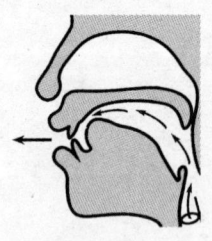
sh 发音图

第二章　方音辨正练习

南方话中往往没有翘舌声母,但在普通话中,翘舌音的使用频率很高,在 3500 个常用字中,平翘舌声母常用字约 900 个,占 17%;翘舌音字就有 602 个,占 70%。所以南方人需要学会它们的发音,并且要记住哪些字读平舌音,哪些字读翘舌音。一般来说,声旁读平舌音的字也读平舌音,声旁读翘舌音的字也读翘舌音。

(列车装满)木 柴(ch)——木 材(c)

(我一直吃)小 炒(ch)儿——小 草(c)儿

侄(zh)子——池(ch)子——狮(sh)子

张(zh)小姐——臧(z)小姐　　老周(zh)——老邹(z)

吃鱼翅(ch)——吃鱼刺(c)　　插(ch)嘴——擦(c)嘴

zh：zhàn zhēng　zhēng zhá　zhī zhū　zhí zhào　zhēn zhū
　　战　争　　挣　扎　　蜘　蛛　执　照　珍　珠
　　zhuó zhuàng　zhēn zhuó
　　茁　壮　　斟　酌

ch：cháng chéng　chú chuāng　chū chāi　chóu chàng
　　长　城　　橱　窗　　出　差　惆　怅
　　chóu chú　chán chú　chí chěng
　　踌　躇　　蟾　蜍　　驰　骋

sh：shǒu shù　shēn shì　shuǐ shǒu　shǎng shí　shā shēng
　　手　术　　绅　士　　水　手　　赏　识　　杀　生
　　shào shuǐ　shān shuǐ
　　潲　水　　山　水

方音矫正

r：réng rán   ruǎn ruò   róu ruǎn   rěn rǎn   róng rǔ
　　仍然　　软弱　　柔软　　荏苒　　荣辱

　　rú ruò   róng rěn   rùn rì
　　如若　　容忍　　闰日

z：zàng zú   zǔ zōng   zì zūn   zào zuo   zāi zāng
　　藏族　　祖宗　　自尊　　造作　　栽赃

　　zōng zú   zuì zé   zǒu zú
　　宗族　　罪责　　走卒

c：cóng cǐ   cū cāo   cǎo cóng   cuī cán   cāi cè
　　从此　　粗糙　　草丛　　摧残　　猜测

　　cáo cāo   cān cī   cāng cuì
　　曹操　　参差　　苍翠

s：sǎ sǎo   sè sù   sī suǒ   sōng sǎn   sù sòng
　　洒扫　　色素　　思索　　松散　　诉讼

　　suǒ suì   sēng sú   sōu suǒ
　　琐碎　　僧俗　　搜索

株洲站站长注重政治抓整治。（声母都是翘舌）

长春市车床厂褚处长。（声母都是翘舌）

宗泽责在搓草，孙松思忖辞藻，曹素造锁则错，蔡祖所司采桑，崔四遂唆索财，参赞猝挫贼子，曾慈斯次窜散，尊叟从此色苍。（声母都是平舌）

仁人饶人让人容忍人。（声母都是翘舌）

真主珍珠真珍珠，出城出证出入证。（声母都是翘舌）

练习：朗读下面词语，注意分辨平翘舌声母。

第二章 方音辨正练习

传真　水藻　兔崽子　穿山甲　在所不辞
造谣中伤　咫尺天涯　种族歧视　齿白唇红
丝绸之路　择善而从　贼喊捉贼　春华秋实
斩草除根　辗转反侧　寿终正寝　吹毛求疵
出口成章　熟能生巧　树倒猢狲散
吃一堑,长一智　识时务者为俊杰
士可杀不可辱　车到山前必有路,船到桥头自然直
舒适　曾祖　仓促　茶座　找茬儿　色子
壮实　转身　充数　重镇　清真寺　潮州菜
竹林禅院　直辖市　这么着　种族　势如破竹
实事求是　生米做成熟饭　仁人志士
一朝被蛇咬,十年怕井绳　岁数　深邃　丝绸
主宰　揣测　损伤　助产士　斩首示众

对比辨音练习

自愿(zì)——志愿(zhì)　　私人(sī)——诗人(shī)

仿造(zào)——仿照(zhào)　　粗布(cū)——初步(chū)

姿势(zī)——知识(zhī)　　新春(chūn)——新村(cūn)

宗旨(zōng)——中止(zhōng)　　资助(zī)——支柱(zhī)

自动(zì)——制动(zhì)　　物资(zī)——物质(zhì)

方音矫正

zāo　　zhāo　　　　　　sì　　shì
糟了——招了　　　　近似——近视

sōu　　shōu　　　　　　zēng　　zhēng
搜集——收集　　　　增订——征订

zhǎo　　zǎo　　　　　　cóng　　chóng
找到——早到　　　　从来——重来

zhī　　zī　　　　　　　zhǔ　　zǔ
支援——资源　　　　主力——阻力

shāng　　sāng　　　　　sù　　shù
商业——桑叶　　　　申诉——申述

zhāi　　zāi　　　　　　shuì　　suì
摘花——栽花　　　　午睡——五岁

chéng　　céng　　　　　shù　　sù
八成——八层　　　　树立——肃立

平翘舌交叉练习

zhèn zuò　zhèng zōng　zhèn zāi　zhí zé　zhǎo zé
振作　　正宗　　赈灾　　职责　　沼泽

zhì zuò　zá zhì　zāi zhòng　zēng zhǎng　zī zhù
制作　　杂志　　栽种　　增长　　资助

zì zhì　zì zhòng　chā cuò　chén cù　chéng cái
自制　　自重　　差错　　陈醋　　成材

chū cāo　chú cǎo　zhù cáng　cái chǎn　cǎi chá
出操　　除草　　贮藏　　财产　　采茶

cán chuǎn　cāo chǎng　cí chǎng　cù chéng　shàng si
残喘　　操场　　磁场　　促成　　上司

shào suǒ　shēn sī　shēng sǐ　shéng suǒ　shí sǔn
哨所　　深思　　生死　　绳索　　石笋

sàn shī　sǎo shè　sì shēng　sù shè　suí shí　suǒ shǔ
散失　　扫射　　四声　　宿舍　　随时　　所属

第二章 方音辨正练习

(下划线字为翘舌音声母)

z—zh：<u>政</u>治　组<u>织</u>　<u>正</u>在　<u>真正</u>　制<u>造</u>　<u>主张</u>
　　　总<u>之</u>　杂<u>志</u>　种子　指<u>正</u>　<u>著</u>作　<u>住宅</u>
　　　桌子　<u>着</u>重　<u>尊</u>重　作<u>者</u>　栽<u>种</u>　<u>专著</u>
　　　<u>专</u>职　<u>中</u>指　柱子　<u>注</u>重　镇子　<u>专制</u>
　　　<u>转</u>折　自<u>治</u>　组<u>长</u>　作<u>战</u>　增<u>长</u>　<u>郑</u>重
　　　<u>终</u>止　指<u>责</u>　<u>中</u>子　制<u>止</u>　<u>周转</u>　<u>种植</u>
　　　<u>竹</u>子　<u>壮志</u>　<u>准</u>则　滋<u>长</u>　自<u>主</u>　<u>宗旨</u>
　　　阻<u>止</u>　最<u>终</u>　罪<u>状</u>　杂<u>质</u>　在<u>职</u>　<u>站长</u>
　　　赞<u>助</u>　<u>站住</u>　<u>招展</u>　折<u>中</u>　<u>真挚</u>　<u>长</u>子
　　　诊<u>治</u>　<u>直至</u>　<u>整治</u>　字<u>纸</u>　<u>住址</u>　<u>渣滓</u>
　　　资<u>质</u>　争<u>执</u>　<u>正直</u>　症<u>状</u>　<u>郑州</u>　<u>执政</u>
　　　侄子　指<u>针</u>　<u>壮</u>族

c—ch：促<u>成</u>　纯粹　财<u>产</u>　层<u>次</u>　<u>长处</u>　存<u>储</u>
　　　磁<u>场</u>　<u>储</u>藏　<u>车</u>床　<u>橱窗</u>　仓促　差错
　　　<u>长春</u>　<u>超产</u>　<u>尺</u>寸　<u>储</u>存　操<u>场</u>　<u>船</u>舱
　　　<u>戳穿</u>　<u>蠢</u>材　铲除　<u>臭虫</u>　彩绸　裁撤
　　　餐车　残存　仓<u>储</u>　草创　操持　<u>查抄</u>
　　　<u>插</u>车　差池　<u>拆</u>除　茶匙　场<u>次</u>　吵吵
　　　<u>超</u>车　<u>车</u>次　<u>陈</u>醋　<u>成</u>材　<u>惩处</u>　<u>澄澈</u>

s—sh：<u>事实</u>　随时　少数　损失　<u>实施</u>　叔叔

方音矫正

闪烁	手术	宿舍	上升	收拾	素食
丧失	神圣	逝世	输送	舒适	死尸
搜索	申诉	省事	世上	尸首	疏散
私塾	算术	适时	岁数	身手	熟识
设施	绅士	收缩	水手	松鼠	诉讼
虽说	损伤	三十	色素	膳食	上司
身世	世俗	死伤	琐事	深思	失手
深山	神色	声速	失事	生疏	生死
绳索	誓师	十三	四十	时事	受伤
沙僧	韶山	嵩山	苏轼	税收	随手

zh、z—c、ch:
政策	早晨	支持	指出	自从
最初	赞成	正常	组成	主持	增产
资产	造成	展出	照常	真诚	侦察
争吵	支撑	制裁	支出	致辞	自称
忠诚	专长	嘴唇	再次	战场	章程
职称	至此	主次	著称	追查	总裁
衷肠	专程	祝词	周朝	早产	责成
榨菜	早春	择菜	早茶	展翅	涨潮
找茬	珍藏	征程	整饬	痔疮	咫尺
紫菜

zh、z—sh、s: 知识　暂时　真实　战士　早上

注释　遭受　再三　重视　至少　正视
战术　正式　注视　着手　证书　助手
终身　装饰　姿势　自身　自私　遵守
赞赏　折射　忠实　子孙　自杀　赞颂
总数　赠送　展示　招生　整数　中枢
竹笋　主食　注射　肇事　住手　准时
祝寿　子时　棕色　正事　走私　钻石
最少　长孙　宙斯　左手　自述

c、ch—z、zh:存在　创造　车站　沉重　称赞
操作　成长　初中　操纵　创作　财政
长征　厂长　沉着　出租　窗子　垂直
村庄　挫折　才智　产值　场子　城镇
传真　充足　村子　处长　虫子　参照
侧重　超支　车轴　迟早　绸子　处置
船长　锤子　辞职　词组　粗壮　嘈杂
查找　岔子　插嘴　铲子　橙子　肠子
常州　采摘　财主　才子　参战　惨重
茶砖　插足　茶座　草纸

ch、c—sh、s:产生　城市　此时　促使　出事
次数　出师　从事　常识　衬衫　出使
成熟　出身　传说　场所　处世　潮湿

方音矫正

<u>诚</u>实　<u>出</u>色　措<u>施</u>　彩色　测试　尝试
沉思　<u>陈</u>述　<u>创</u>始　<u>出</u>售　传诵　创伤
<u>重</u>申　蚕丝　草<u>率</u>　<u>传</u>送　磁石　长沙
潮水　<u>承</u>受　冲刷　<u>崇</u>尚　<u>传</u>授　纯熟
磋商　厕所　<u>畜</u>生　藏书　<u>处</u>暑　陈胜
<u>差</u>事　<u>出</u>手　财神　擦拭　蚕食　沧桑
操守　草酸

sh、s—zh、z：<u>甚</u>至　实在　<u>始</u>终　实质　<u>生</u>长
四周　数字　<u>设</u>置　慎重　<u>首</u>长　<u>上</u>涨
失职　<u>省</u>长　<u>市</u>政　深重　擅自　<u>市</u>长
色泽　<u>识</u>字　<u>师</u>长　受罪　<u>刷</u>子　四<u>肢</u>
施展　<u>氏</u>族　孙子　所长　<u>山</u>寨　声张
扫帚　勺子　伸展　婶子　失踪　施政
狮子　十足　绳子　时针　始祖　食指
<u>失</u>主　柿子　塞子　筛子　<u>手</u>杖　虱子
傻子　<u>手</u>指　嫂子　<u>手</u>掌　收支　守则
梳子　书桌　瘦子　舒展　树脂　试纸
<u>爽</u>直　苏州　塑造　算账　<u>深</u>圳　散装
丧钟　桑梓　臊子　丧葬　<u>砂</u>纸

sh、s—ch、c：<u>上</u>层　奢侈　深沉　视察　<u>收</u>藏
牲畜　<u>输</u>出　舒畅　神采　丝绸　扫除

刹车	擅长	省城	时辰	誓词	收成
水草	树丛	水产	顺从	思潮	水车
松弛	搜查	速成	射程	生菜	删除
商朝	赛车	隋朝	散场	沙场	山茶
上乘	商船	上策	折秤	赏赐	生词
失宠					

sh—r：

神人	输入	时日	深入	商人	生日
湿润	收入	诗人	输入	衰弱	收容
世人	上任	禅让	潸然	砂仁	胜任
沙瓤	圣人	释然	市容	示弱	手软
瘦弱	熟人	暑热	认识	若是	如实
燃烧	人事	忍受	人生	人士	人参
入睡	人时	人身	如数	入世	儒术
妊娠	人世	瑞士	饶舌	饶恕	惹事
认生	人手	认输	日食	容身	柔顺
肉食	如上	入神	儒生	濡湿	入手

怎么记平翘舌字音？

  a. 用形声字偏旁类推来记忆平翘舌音，通过记一个字来记一串字。

  一般来说，声旁是平舌音声母，这个字也是平舌音声母；声旁是翘舌音声母，这个字也是翘舌音声

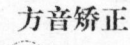 **方音矫正**

母。如：

翘舌音：主——住、注、驻、蛀、柱、拄

平舌音：曾——增、憎、赠、蹭、僧

但要注意个别例外的情况，如不能以"束"类推"速、悚"，不能以"乍"类推"作、咋、怎"。

b. 利用普通话声韵配合规律类推。

普通话中，平舌声母 z、c、s 不与韵母 ua、uai、uang 相拼，所以可以肯定"抓、拽、装、揣、床、耍、蟀、霜"等字都念翘舌音。

翘舌声母 sh 不与韵母 ong 相拼，所以"松、宋、颂、诵、送、耸、嵩"等字都念平舌音。

c. 记少不记多。

z、c、s 和 en/eng 相拼的字很少，常用的只有"怎、参（参差）、岑（姓氏，如唐代边塞诗人岑参）、涔（汗涔涔）、森"和"曾、增、憎、赠、锃、曾、蹭、噌、层、僧"几个字，其他韵母为 en/eng 的字，相拼的都是翘舌音声母（如：真、趁、身、人、正、成、声、仍）。

cou 的常用字只有一个"凑"，除此之外，方言区人说的 cou 字，都应为 chou，如"抽、愁、丑、臭"等。

平舌声母 c 与韵母 a 相拼，常用的只有"擦 cā"，其余的"差、插、叉、茶、刹、岔、诧、查"等字都念翘舌音。

d. 利用声母相关的声旁类推。

如果形声字的声旁声母是 d 或 t,那么这个字的声旁一般是翘舌音。如"税"的声旁"兑"声母是 d,那么"税"是翘舌声母;"瞠"的声旁"堂"声母是 t,那么"瞠"是翘舌声母。另外如:滞绽终澄橙侈禅蝉婵阐说税,治撞幢答纯颤社蛇擅膻始。

如果要区别鼻音 n 和边音 l、前鼻韵母 en(in)和后鼻韵母 eng(ing)等,也可以采用以上几种方法。

同义成语

恒河沙数——俯拾即是　　聚精会神——专心致志
名不虚传——名副其实　　南辕北辙——背道而驰
怒发冲冠——咬牙切齿　　别出心裁——独树一帜
装模作样——装腔作势　　赴汤蹈火——出生入死
模棱两可——含糊其辞

反义成语

风雨飘摇——坚如磐石　　得寸进尺——适可而止
殊途同归——背道而驰　　饥寒交迫——丰衣足食
急中生智——无计可施　　迥然不同——毫无二致
苦不堪言——乐不可支　　弄虚作假——实事求是
千里迢迢——近在咫尺　　怡然自得——怅然若失
布衣蔬食——锦衣玉食　　贪生怕死——万死不辞

方音矫正

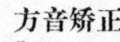

始终不渝——朝三暮四　众说纷纭——众口一词
大公无私——损公肥私

顺口溜

-i(前)

人挪活,树挪死　　　多栽花,少栽刺
先小人,后君子　　　欲加之罪,何患无辞
不入虎穴,焉(yān)得虎子
病来如山倒,病去如抽丝
不见棺材不落泪,不到黄河心不死

-i(后)

聪明一世,糊涂一时　　不经一事,不长一智
一人传虚,万人传实　　有令则行,有禁则止
文武之道,一张一弛(chí)　养兵千日,用兵一时
仁者见仁,智者见智　　狗逮耗子,多管闲事
牡丹虽好,绿叶扶持　　前事不忘,后事之师
没事不找事,有事不怕事
盲人骑瞎马,夜半临深池
竹怜新雨后,山爱夕阳时
清水出芙蓉,天然去雕饰
良禽择木而栖(qī),贤臣择主而事
世人苦被明日累,春去秋来老将至

第二章 方音辨正练习

悬崖勒马收缰晚,船到江心补漏迟
择其善者而从之,其不善者而改之
男儿志兮(xī)天下事,但有进兮不有止
十年寒窗无人问,一举成名天下知
同是天涯沦落人,相逢何必曾相识
常将冷眼观螃蟹,看你横行得几时
勿以善小而不为,勿以恶小而为之
善恶到头终有报,只争来早与来迟
苟利国家生死以,岂因祸福避趋之

绕口令

(1)四是四,十是十,十四是十四,四十是四十。
　　不要十四说"实事",也别四十说"细席"。
　　要想说对四,舌头碰牙齿;
　　要想说对十,舌头别伸直。
　　要想练对四和十,多多练习十和四。

(2)三山撑四水,四水绕三山。
　　三山四水春常在,四水三山四时春。

(3)紫手指挨上湿字纸,湿字纸变成紫字纸;
　　紫字纸挨上湿手指,湿手指变成紫手指。

(4)师部司令部指示:四团十连石连长带四十人

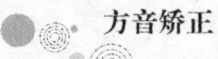 方音矫正

在十日四时四十四分按时到达师部司令部,师长召开誓师大会。

(5) 四十四个字和词,组成一则子词丝的绕口令:

桃子李子梨子栗子橘子柿子槟子和榛子,栽满院子村子和寨子。

刀子斧子锯子凿子锤子刨子尺子,做出桌子椅子和箱子。

名词动词数词量词代词副词助词连词,造成语词诗词和唱词。

蚕<u>丝</u>生<u>丝</u>熟<u>丝</u>缫<u>丝</u>染<u>丝</u>晒<u>丝</u>纺<u>丝</u>织<u>丝</u>,自制粗<u>丝</u>细<u>丝</u>人造<u>丝</u>。

(6) 杂志社,出杂志,杂志出在杂志社,有政治常识、历史常识、写作指导、诗词注释,还有那植树造林、治理沼泽、栽种花草、生产手册,种种杂志数十册。

(7) 红砖堆、青砖堆,砖堆旁边蝴蝶追,蝴蝶绕着砖堆飞,飞来飞去蝴蝶钻砖堆。

(8) 石、斯、施、史四老师,天天和我在一起。石老师教我大公无私,斯老师给我精神食粮,施老师叫我遇事三思,史老师送我知识钥匙。我

感谢石、斯、施、史四老师。

(9) 三月三,小三练登山。上山又下山,下山又上山。登了三次山,跑了三里三,出了一身汗,湿了三件衫。小三站在山上大声喊:"这里离天只有三尺三!"

(10) 三哥三嫂子,请借给我三斗三升酸枣子,等我明年从树上摘了新枣子,再把借的这三斗三升酸枣子,如数还您三哥三嫂子。

(11) 树上结了四十四个涩柿子,树下蹲着四十四头石狮子。

树下四十四头石狮子,要吃树上四十四个涩柿子。

树上四十四个涩柿子,不让树下四十四头石狮子吃它们四十四个涩柿子。

树下四十四头石狮子,偏要吃树上四十四个涩柿子。

(12)《施氏食狮史》 赵元任 编

石室诗士施氏,嗜狮,誓食十狮。施氏时时适市视狮。十时,适十狮适市。是时,适施氏适市。氏视是十狮,恃矢势,使是十狮逝世。氏拾十狮尸,适石室。石室湿,氏使侍拭石室。石室拭,氏始试食十狮尸。食时,始识十狮尸实十石狮尸。试释是事。

(13) 这是蚕,那是蝉。蚕常在桑叶里藏,蝉藏在枣树上唱。

(14) 刚往窗上糊窗纸,你就隔着窗户撕窗纸。一次撕下横窗纸,一次撕下竖窗纸,横竖两次撕了四十四张湿窗纸。你说你这是撕字纸,其实,这不是字纸是窗纸。

(15) 史老师,讲时事,常学时事长知识。时事学习看报纸,报纸登的是时事,常看报纸要多思,心里装着天下事。

(16) 山羊上山,山碰山羊角;
水牛下水,水没水牛腰;
猪进猪圈,猪拱大猪槽;
毛驴驮草,草压毛驴腰。

(17) 操场左面有三十三棵桑树,操场右面有四十四棵枣树。
张三把三十三棵桑树认作枣树,李四把四十

四棵枣树认作桑树。

(18)紫瓷盘,盛鱼翅,一盘熟鱼翅,一盘生鱼翅。迟小池拿了一把瓷汤匙,要吃清蒸熟鱼翅。一口鱼翅刚到嘴,鱼刺刺进齿缝里,疼得小池拍腿咬牙齿。

(19)认识从实践始,实践出真知。知道就是知道,不知道就是不知道。不要知道说不知道,也不要不知道说知道。老老实实,实事求是,一定要做到不折不扣的真知道。

(20)朱家一株竹,竹笋初长出。朱叔处处锄,锄出笋来煮。锄完不再出,朱叔没笋煮,竹株又干枯。

(21)早晨早早起,早起做早操。天天做早操,做操身体好。

zh—z 辨音字表

	zh	z
a	①扎(驻～)渣②闸铡扎(挣～)札(信～)③眨④乍炸榨蚱栅	①扎(包～)匝②杂砸③咋
e	①遮②折哲辙③者④蔗浙这	②泽择责则

方音矫正

续表

	zh	z
u	①朱珠蛛株诸猪②竹烛逐③主煮嘱④注蛀住柱驻贮祝铸筑箸	①租②族足卒③组阻祖
-i	①之芝支枝肢知蜘汁只织脂②直植殖值执职③止址趾旨指纸只④至室致志治质帜挚掷秩置滞制智稚痔	①兹滋孳姿咨资孜龇淄辎②子仔籽梓紫③字自恣渍
ai	①摘斋②宅③窄④寨债	①灾哉栽③宰载④再在载（～重）
ei		②贼
ao	①昭招朝②着③找爪沼④照召赵兆罩	①遭糟②凿③早枣澡④造皂灶躁燥
ou	①州洲舟周粥②轴③帚肘④宙昼咒骤皱	①邹③走④奏揍
ua	①抓	
uo	①桌捉拙②着酌灼浊镯啄琢卓	①作（～坊）②昨③左④坐座作柞祚做
ui	①追锥④缀赘坠	③嘴④最罪醉
an	①沾毡粘③盏展斩④占战站栈绽蘸	①簪②咱③攒④赞暂
en	①贞侦祯桢帧真③疹诊枕缜④振震阵镇	③怎
ang	①张章樟彰②长掌涨③丈仗杖帐账涨瘴障	①赃脏（肮～）④葬藏脏
eng	①正（～月）征争睁挣②整拯④正政症证郑	①曾增④赠

第二章 方音辨正练习

续表

	zh	z
ong	①中盅忠钟衷终③肿种(～子)④中(打～)种(～植)仲重众	①宗踪棕综鬃③总④纵粽
uan	①专砖③转④传转(～圈)撰篆赚	①钻③纂④钻(～石)
un	③准	①尊遵
uang	①庄桩装妆④壮状撞	

备注：表中的数字表示声调，①是阴平，②是阳平，③是上声，④是去声。

ch—c 辨音字表

	ch	c
a	①叉杈插嚓差(～别)②茶搽查察③衩④岔诧差(～生)	①擦
e	①车③扯④彻撤掣	④册策厕侧测
u	①出初②除厨橱锄踌刍雏②楚础杵储处(～分)④畜触矗处	①粗④猝促醋簇
-i	①吃痴嗤②池弛驰迟持匙③尺齿耻侈耻④斥炽翅赤叱	①疵差(参～)②雌辞词祠瓷慈磁③此④次伺刺赐
ai	①差拆钗②柴豺	①猜②才财材裁③采彩踩④菜蔡
ao	①抄钞超②朝潮嘲巢③吵炒	①操糙②曹漕嘈槽③草
ou	①抽②仇筹畴踌绸稠酬愁③瞅丑④臭	④凑
uo	①戳 ④绰(～号)辍啜	①搓蹉撮 ④措错挫锉
uai	①揣③揣④踹	
ui	①吹炊②垂锤捶槌	①崔催摧②璀④萃悴淬翠粹瘁脆

方音矫正

续表

	ch	c
an	①搀掺②蝉禅谗馋潺缠蟾③铲产阐④忏颤	①餐参②蚕残惭③惨④灿
en	①琛嗔②辰晨沉忱陈臣④趁衬称（相～）	①参(～差)②岑涔
ang	①昌猖娼伥②常嫦尝偿场肠长③厂场敞氅④倡唱畅怅	①仓苍舱沧②藏
eng	①称撑②成诚城盛（～水）呈承乘澄惩③逞骋④秤	②曾层④蹭
ong	①充冲舂②重虫崇③宠④冲（～压）	①匆葱囱聪②从丛淙
uan	①川穿②船传椽③喘④串钏	①蹿④窜篡
un	①春椿②唇纯淳醇③蠢	①村③存④忖寸
uang	①窗疮创（～伤)②床③闯④创（～造)	

sh—s 辨音字表

	sh	s
a	①沙纱砂痧杀杉③傻④煞厦（大～）	①撒③洒撒（～种)④卅萨飒
e	①奢赊②舌蛇③舍（～弃）④社舍射麝设摄涉赦	④塞（～责）瑟啬穑（稼～）色（～彩）涩
u	①书梳疏蔬舒殊叔淑输抒枢②孰塾赎③暑薯曙鼠数属黍④树竖术述束漱恕数	①苏酥②俗④素塑诉肃粟宿速

第二章 方音辨正练习

续表

	sh	s
-i	①尸师狮失施诗湿虱②十什拾石时识实食蚀③史使驶始屎矢④世势誓逝市示事是视室适饰士氏恃式试拭轼弑	①司私思斯丝鸶③死④四肆似寺
ai	①筛④晒	①腮鳃塞④塞(要~)赛
ao	①捎稍艄烧②勺芍韶③少(多~)④少(~年)哨绍邵	①臊骚搔③扫(~除)嫂④扫(~帚)臊(害~)
ou	①收②熟③手首守④受授寿售兽瘦狩	①嗖飕搜馊②叟擞④嗽
ua	①刷③耍	
uo	①说④硕烁朔	①缩娑蓑梭唆③所锁琐索
uai	①衰③甩 帅率蟀	
ui	②谁③水④税睡	①虽②绥隋随③髓④岁碎穗隧燧遂
an	①山舢删衫珊姗栅跚③闪陕④扇善膳缮擅赡汕	①三叁③伞散(~文)④散
en	①申伸呻身深参(人~)②神③沈审婶④慎肾甚渗	①森
ang	①商墒伤②晌垧赏④上尚	①桑丧(~事)③嗓④丧
eng	①生牲笙甥升声②绳③省④圣胜盛剩	①僧
ong		①松悚④送宋颂诵
uan	①拴栓闩④涮	①酸④算蒜
un	③吮④顺舜瞬	①孙③笋损
uang	①双霜③爽	

2. j、q、x——zh、ch、sh——z、c、s

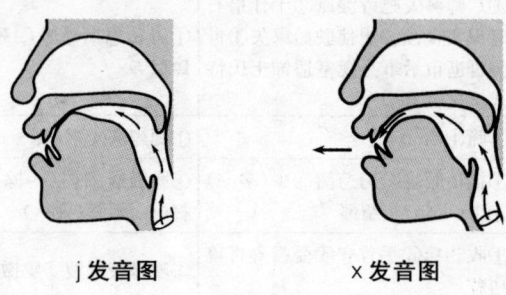

j 发音图　　　　x 发音图

舌面音 j、q、x 和舌尖前音 z、c、s 以及舌尖后音 zh、ch、sh 的发音是明显不同的：j、q、x 发音时舌尖轻轻抵住下门齿背，舌面前部挺起贴紧或接近硬腭前部。z、c、s 是舌尖前音，发音时舌头平伸，舌尖要轻轻抵住或接近上齿背；而 zh、ch、sh 是舌尖后音，舌尖上翘，与硬腭前部形成阻碍。

zhǔ　　　zǔ　　　jǔ
主力——阻力——举例

shī　　　sī　　　xī
诗人——私人——昔人

shǎo　　　sǎo　　　xiǎo
不少——不扫——不小

jī　　　zī　　　　jiāng　　　zāng
基本——资本　　僵化——脏话

jiàn　　　zàn　　　juān　　　zhuān
鉴定——暂定　　捐款——专款

第二章 方音辨正练习

jì　　　zhì
忌妒——制度　　　

jù　　　zhù
巨幅——祝福

jiā　　zhā
夹子——渣滓　　　

jǔ　　　zhǔ
举止——主旨

jì　　　zhì
记者——智者　　　

jiū　　zhōu
纠正——周正

shī cí　　xī qí
诗词——稀奇　　　

zhēn　　jīn
针线——金线

cháng dù　qiáng
长　度——强度　　

jì　　　zhī
墨迹——墨汁

jì　　　zhī
交际——交织　　　

jí　　　zhí
密集——密植

jì　　　zhì
边际——编制　　　

jiù　　zhòu
就业——昼夜

qiáng　　cháng
砖　墙——专　长　

xǐ　　　shī
洗礼——失礼

xì　　　shí
详细——翔实　　　

xí　　　shí
缺席——确实

xī　　　shì
获悉——获释　　　

xiāo　　shāo
逍遥——烧窑

xiū　　shōu
修饰——收拾　　　

xiàn　　shàn
电线——电扇

xīn　　shēn
艰辛——艰深　　　

xìng　　shèng
姓名——盛名

白漆——白痴　气候——伺候　桥头——潮头

晴天——成天　秦国——陈国　洗脚——死角

小雪——扫雪　稀饭——师范　大喜——大使

习气——石器　新近——深圳　席间——时间

方音矫正

jī sī	jí zī	qí cì	xiù zi	xià cè
缉私	积资	其次	袖子	下策

xí zì	xì cí	zī jīn	zì jì	zì jù
习字	戏词	资金	字迹	字据

zì jǐ	zì jué	cí qì	cì jī	sī xù
自己	自觉	瓷器	刺激	思绪

sī jiāo	sī qíng	sī xīn	sī jī	sī xiàn
私交	私情	私心	司机	丝线

sì jì	jiǎn chú	jīng zhì	qū shì	xiāo shī
四季	剪除	精致	趋势	消失

zhì xù	chén jì	shēn qiǎn	shěn xùn	shào jiàng
秩序	沉寂	深浅	审讯	少将

jī qì	jí qiè	jūn qū	qiú jiù	qiān jiù
机器	急切	军区	求救	迁就

练习：朗读下面词语，注意分辨平翘舌音和舌面音。

开斋节　扫帚星　受气包　少林拳　饥不择食

习非成是　才子佳人　艰苦卓绝　将功赎罪

娇声娇气　嗟来之食　精神抖擞　炯炯有神

九泉之下　举手投足　决胜千里

君子之交淡如水　久病床前无孝子

近水楼台先得月，向阳花木易为春

烧香　潮汐　证券　紫荆　钻戒　斋戒

中间儿　霜降　札记　知觉　肇事　小舅子

青春期　金丝雀　胁肩谄笑　奇形怪状

投资——投机　丝瓜——西瓜　战国——建国

希望——失望　少数——小数

次子——赤子——弃子

绕口令

(1) 精致不是经济,组织不是举机。把不直念成不急,秩序就会变成继续,喜人就会变成死人。

(2) 稀奇稀奇真稀奇,麻雀踩死老母鸡,蛐蛐身长七尺六,老头儿坐在摇篮里,两个婴儿在下棋。

(3) 姐姐上街去买鞋,瞧见街口在卖蟹。姐姐既想买鞋又想买蟹,结果只买了蟹没买鞋。

3. 尖团音

普通话没有尖音(舌尖前音 z、c、s ＋ i、ü 及其开头韵母),只有团音(舌面音 j、q、x ＋ i、ü 及其开头韵母)。发 j、q、x 时要用舌面前部接触或接近硬腭前部,而不能像发 z、c、s 那样用舌尖接触或接近上齿背。如:

循序渐进　俊俏小姐　情绪宣泄　积极

思前想后　湘绣　唧唧复唧唧　抢亲

刀削面　抄写　眉清目秀　即将　樵夫

盲人摸象　一泻千里　推卸责任　通缉犯

方音矫正

肖像权　谢绝参观　积劳成疾　不屑一顾
心甘情愿　必须　聚集　憔悴　两袖清风
需要　录音剪辑　贫瘠的土地　声名狼藉
清风徐来　原籍　拥挤　息息相关　逍遥
絮叨　辛苦　济南　东西南北　叙述
蹿房越脊　可惜　取消　崭新　斜线
星际旅行　今非昔比　短小精悍　续集
绝迹　详尽　接济　分析　信箱　潇洒
旋转　削减核武器　祭祀　熟悉　飞翔
元宵节　喧宾夺主　寻亲访友　寂静　好些
喜鹊登梅　心心相印　萧条　零星　小雪
年薪　选贤任能　成绩　签字　信息社会
下旬　女婿　照本宣科　奸细　旋涡
沉鱼落雁，闭月羞花　歼灭　商榷　自信心
老寿星　信笺　七夕　全权代表　睡眼惺忪
查询　钻木取火，以化腥臊　前妻　孔雀开屏
相煎何急　亲戚　矿泉水　修剪　凄凉
毛遂自荐　如胶似漆　贵贱　齐全　借钱
不省人事　水花四溅　姓氏　千秋万代
明枪暗箭　性格　拆迁　手枪　娶媳妇儿
迅速　能工巧匠　蛆虫　砌墙　深浅　趋势

虾兵蟹将　实践　狗急跳墙　进修　取笑
清醒　瘦骨嶙峋　心焦　情趣　通讯　暗礁
突然袭击　以身殉职　铰断　熄火儿
青黄不接　瞧病　清洗　细枝末节　习以为常
徇情枉法　凉席　捷足先登　俏销　详细
睫毛　新鲜　斩钉截铁　先进　借花献佛
屡见不鲜　慰藉　仙女　八百诸侯会孟津
纤细　紫外线　赶尽杀绝　前进　晋升
疏浚河道　羡慕　灰烬　浸泡　酒精　井然有序
晶莹　亲切　画龙点睛　纯净水　窃窃私语
托塔李天王李靖　静悄悄　晴天霹雳　迁就
请进　咀嚼　切菜　聚精会神　而且
基督山伯爵　清晰　峻峭　侵袭　通情达理
骏马　就寝　竣工

绕口令

(1) 九月九，九个酒迷喝醉酒。九个酒杯九杯酒，九个酒迷喝九口。喝罢九口酒，又倒九杯酒。九个酒迷端起酒，"咕咚、咕咚"又九口。九杯酒，酒九口，喝罢九个酒迷醉了酒。

(2) 七巷一个漆匠，西巷一个锡匠，七巷漆匠偷了西巷锡匠的锡，西巷锡匠偷了七巷漆匠的漆。

方音矫正

(3) 小金到北京看风景,小京到天津买纱巾。看风景,用眼睛,还带一个望远镜。买纱巾,带现金,到了天津把商店进。买纱巾,用现金,看风景,用眼睛,巾、金、睛、景要分清。

(4) 小徐下乡向乡下新星小学虚心学习。

小犀牛

肖君

小犀牛,尖尖角,想吃溪边青青草。
洗洗净,嚼一嚼,叽叽哇哇使劲叫:
"求求姐姐救救我,舌尖下面起血泡!"
犀牛姐姐仔细瞧,咳!是颗新鲜小樱桃:
"邪的玄的净瞎想,简直是个娇气包!"
小犀牛,尾巴翘,羞红小脸嘻嘻笑。

4. n——l

n、l 的发音部位比较接近:n 发音时舌尖顶住上齿龈,而 l 发音时顶住上齿龈和硬腭之间。两者的主要区别在发音方法上:n 是鼻音,气流从鼻腔出来;而 l 是边音,气流从舌头两边出来。

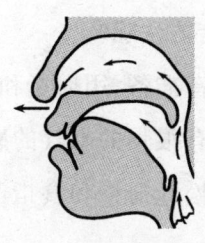
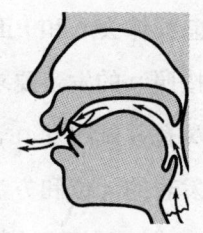

n 发音图　　　　l 发音图

(我想)吃梨——吃泥
　　　lí　　　ní

(我要)饮料——饮尿
　　　liào　　niào

(这就是)牛 虻——流 氓
　　　　niú méng　liú máng

(这位)姓牛——姓刘
　　　niú　　liú

(我很)无奈——无赖
　　　nài　　lài

(我是)河南(人)——荷兰人
　　　nán　　　　lán

(你给我带点儿)牛黄——硫黄
　　　　　　　niú　　liú

鲇 鱼——鲢 鱼
nián　　lián

(没)脑子——老子
　　nǎo　　lǎo

连长比我年长
lián　　　nián

方音矫正

怎样体会 n 和 l 正确的发音方法呢？

按照 n 的发音要求做好发音准备，用拇指和食指捏住鼻孔并试图发 n 音。如果有很强的憋气的感觉，说明发音的部位和方法正确。松开拇指和食指，带上元音 e 或 a 呼读，n 则自然成声。

按照 l 的发音要求做好发音准备，用手捂住嘴巴，并试图发 l 音，如果两腮鼓起并伴有憋气的感觉，说明符合发音要求。移开手掌，带上元音 e 或 a 呼读，l 则自然成声。

n—l：
nǎ lǐ　　nà liáng　　nǎi lào　　nǎo lì　　nèi lào
哪里　　纳凉　　　奶酪　　　脑力　　　内涝

néng lì　　lái nián　　lǎo nóng　　liú niàn　　liú nǎo
能力　　　来年　　　老农　　　留念　　　流脑

lěng nuǎn　　lǐng nán
冷暖　　　　岭南

n：
niú nǎi　　nǎo nù　　niǔ niē　　néng nai　　ní nán　　nán nǚ
牛奶　　　恼怒　　　扭捏　　　能耐　　　呢喃　　　男女

l：
lǚ lì　　lǐ lùn　　lián luò　　liú lù　　lǎo liàn　　lā lì
履历　　理论　　联络　　流露　　老练　　拉力

发声母 n 的窍门

1. 选用前字韵尾为—n，后字声母为 n—的词语，利用前字韵尾顺势发准后字声母 n。

困难　温暖　电脑　全年　全能　搬弄　叛逆
烦恼　男女　本能　愤怒　忍耐　观念　孙女

悬念　新年　按捺　您呢

2.另外,模仿孩子撒娇拖腔叫"奶奶,来!"也可帮助体会n、l的发音。

3.用东北话应答时说的"n—ne"(嗯呢),也可体会n的发音。

学习 l 发音的窍门

1.要学习发 l 音时,可在 l 声母音节前加上 ga/ka/ha/ge/ke/he 等音,帮助舌面中音声母的发音,帮助体会软腭的提升动作。如:

旮旯　哈喇子　各类　颗粒　河流　咖喱

可乐　卡拉OK

2.前面音节尾音为元音,帮助学习者不受鼻音干扰,发准下面的 l 声母。如:

巴黎　马路　知了　石榴　比例　地理　希腊

快乐　垂柳

3.n韵尾音节后的"了"字,不要受前面 n 的影响而读成"呢(ne)",如:

晚了　增添了　晕了　有钱了　分神了

发现了　有二十美金了　压断了　做顺了

练习:注意区分n、l声母

那里　年龄　老娘　能量　老年　辽宁　老衲

方音矫正

内陆　奴隶　罹难　女郎　连年　暖流　林农

耐劳　遛鸟　落难　年轮　纳凉　农历　奶酪

泥疗　嫩绿　凝练　女流　拦路虎　老板娘

流连忘返　琳琅满目　烂醉如泥　老牛舐犊

驴年马月　逆来顺受　西班牙女郎

如临深渊,如履薄冰　男大当婚,女大当嫁

连累　利率　脸蛋儿　玛瑙　旖旎　烙饼

脑瘤　掳掠　浏览　外甥女　耍无赖　二愣子

阅览室　雷阵雨　朝令夕改　八面玲珑

能屈能伸　牛郎织女　一石激起千层浪

老将出马,一个顶俩　拿着鸡毛当令箭

泥菩萨过河——自身难保

绕口令

(1) 牛郎恋刘娘,刘娘念牛郎。

　　牛郎牛年恋刘娘,刘娘年年念牛郎。

　　郎恋娘来娘念郎,绕不晕你算我白忙。

(2) 这天天下雨,体育局穿绿雨衣的女小吕,去找穿绿运动衣的女老李。

　　穿绿雨衣的女小吕,没找到穿绿运动衣的女老李,

穿绿运动衣的女老李,也没见着穿绿雨衣的女小吕。

(3) 蓝教练是女教练,吕教练是男教练,
蓝教练不是男教练,吕教练不是女教练。
蓝南是男篮主力,吕楠是女篮主力,
吕教练在男篮训练蓝南,蓝教练在女篮训练吕楠。

(4) 刘小妞,爱害羞。俩小辫,两边抖,扭扭搭搭往前走,去找六叔和六舅。出东门,进大楼,见了六叔和六舅,叫声六叔和六舅,借我六石（dàn）六斗六升六合（gě）好绿豆。过了秋,打了豆,还我六叔六舅六石六斗六升六合好绿豆。

(5) 梨树下面一潭泥,梨落泥潭泥裹梨,捞出泥潭裹泥梨,用水洗净梨上泥。

(6) 路东住着刘小柳,路南住着牛小妞。
刘小柳拿着大皮球,牛小妞抱着大石榴。
刘小柳把皮球送给牛小妞,牛小妞把大石榴送给刘小柳。

方音矫正

(7) 牛牛要吃河边柳,妞妞赶牛牛不走。
妞妞护柳扭牛头,牛牛扭头瞅妞妞。
妞妞扭牛牛更拗,牛牛要顶小妞妞。
妞妞捡起小石头,吓得牛牛扭头走。

(8) 山西贺老六,陕西何老留,一起趟河去看柳。
河边躺着看家狗,留心看住河边柳。
老六想遛狗,老留想溜走,全都无心再看柳。

(9) 六十六岁的刘老六,修了六十六座走马楼,楼上摆了六十六瓶苏合油。门前栽了六十六棵垂杨柳,垂杨柳上拴了六十六匹大马猴。
忽然一阵狂风起,吹倒了六十六座走马楼,打翻了六十六瓶苏合油,压倒了六十六棵垂杨柳,吓跑了六十六匹大马猴,气晕了六十六岁的刘老六。

(10) 老龙恼怒闹老农,老农恼怒闹老龙,
农怒龙恼农更怒,龙恼农怒龙怕农。

(11) 天连水,水连天,水天一色望无边。
蓝蓝的天似绿水,绿绿的水如蓝天。
到底是天连水,还是水连天?

(12)练一练,念一念,n、l要分辨。l是舌边音,n是鼻音要靠前。你也练,我也念,不怕累,不怕难,一起努力就不难。

(13)男旅客穿着蓝上装,女旅客穿着呢大衣。男旅客扶着拎篮子的老大娘,女旅客搀着拿笼子的小男孩儿。

(14)新郎和新娘,柳林里面来乘凉。新娘问新郎:你是下湖去挖泥,还是下田去扶犁?新郎问新娘:你是柳下把书念,还是下湖去采莲?新郎新娘商量定,我采莲,你挖泥,我拉牛,你扶犁;等挖完了泥,扶完了犁,也采完了莲,咱俩再到柳林里面把书念。

(15)新脑筋,老脑筋,老脑筋可以改造成新脑筋,新脑筋不学习就会变成老脑筋。

(16)你能不能把柳树下的那头老奶牛,拉到牛栏山牛奶站的挤奶房来,挤了牛奶拿到柳树村,送给岭南乡托儿所的刘奶奶?

(17)老刘和老牛,南宁南岭农场去拉粮,老刘拉了六千六百六十斤六两六的粮,老牛也拉了

方音矫正

六千六百六十六斤六两六的粮,老刘老牛俩人拉了两个六千六百六十六斤六两六的粮。

n—l 辨音字表

	n	l
a	①那②拿③哪④那纳呐捺钠	①拉啦垃③喇④辣剌瘌蜡腊
e	⑤呢	①勒④乐⑤了
i	①妮②尼泥呢霓③你拟④腻匿溺昵	②离篱厘狸黎犁梨③礼里理鲤李④力历沥荔厉励砺立粒笠苙例利莉痢丽俪郦吏栗砾隶戾唳
u	②奴③努弩④怒	②卢庐炉芦驴颅③卤虏掳鲁橹④碌陆路赂鹭露(~水)录鹿辘绿(~林)
ü	③女	②驴③吕侣铝旅屡缕④虑滤律率(效~)氯绿
ai	③乃奶④奈耐	②来莱④赖籁癞睐
ei	③馁④内	①勒②雷擂镭③累(~进)垒儡蕾④累类泪肋
ao	②挠蛲③脑恼瑙④闹	①捞②劳唠痨牢③老姥④涝烙酪
ou		①搂②楼喽耧③搂篓④陋漏露
ia		③俩
ie	①捏④聂蹑镊镍孽	③咧④列烈裂劣猎冽洌
iao	③鸟袅④尿	①撩②辽疗僚潦燎嘹聊寥③了④料廖瞭
iu	①妞②牛③扭纽④拗	①溜②刘流琉硫留榴瘤③柳绺④六镏陆
uo	②挪④懦诺糯	①啰(~唆)捋②罗萝逻箩锣螺骡③裸④落洛络骆摞

续表

	n	l
üe	④虐	④略掠
an	②难男南楠④难	②兰栏篮蓝蒌③懒览揽榄缆④烂滥
ang	②囊	①啷②狼郎廊榔螂琅③朗④浪
eng	②能	②棱②冷④愣
ong	②农浓脓④弄	②龙咙聋笼隆窿③垄拢陇④弄（～堂）
ian	①蔫拈②年粘鲇③撵捻碾④念	②怜连莲联帘廉镰③脸敛④炼链练恋殓
in	②您	①拎②邻鳞麟林淋琳临③凛檩④吝蔺赁
iang	②娘④酿	②良凉梁粱粮量③两④亮晾谅辆量
ing	②宁拧柠咛凝③拧④宁泞佞拧	②灵龄伶蛉凌陵菱③岭领④令另
uan	③暖	②滦孪③卵④乱
un		①抡②仑伦沦轮④论

5. r——l

从发音部位看，"r"是舌尖后音，同"zh、ch、sh"发音部位一样，是由舌尖和硬腭前部形成窄缝而发出的音。从发音方法看，"r"是浊擦音，发音时，舌尖上翘，接近硬腭前部留一小缝，让气流从小缝中摩擦而出，同时声带震动。为找到正确的感觉，可以先发"sh"音，然后振动声带，即是"r"音。

方音矫正

"r"和"l"的区别是发音部位不同,舌尖的位置有前后之别:"r"的发音部位在硬腭,"l"的发音部位在上齿龈。发音方法也不同:"r"发音时,气流的通道很窄,限于舌尖和硬腭之间的一点点缝隙,摩擦较重;而"l"发音时,气流的通道在舌侧两边,很宽松,摩擦不明显。

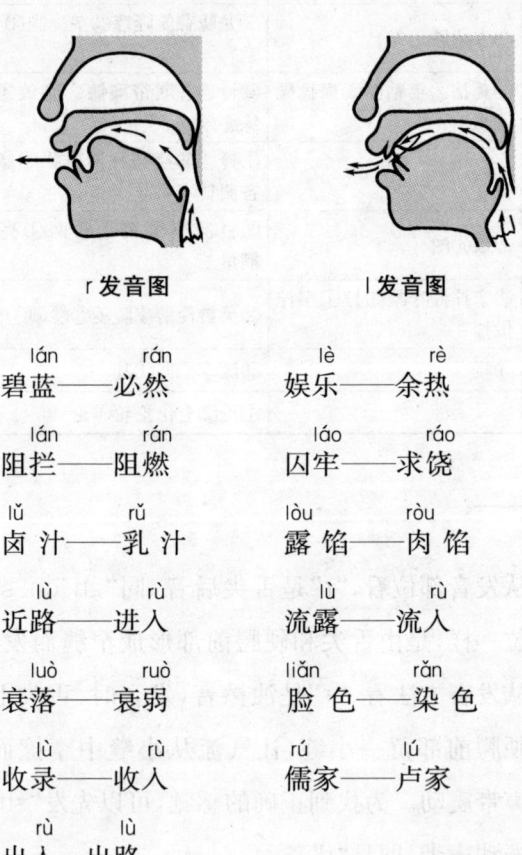

r 发音图　　　　l 发音图

```
   lán   rán              lè    rè
  碧蓝——必然           娱乐——余热

   lán   rán              láo   ráo
  阻拦——阻燃           囚牢——求饶

   lǔ    rǔ               lòu   ròu
  卤汁——乳汁           露馅——肉馅

   lù    rù               lù    rù
  近路——进入           流露——流入

   luò   ruò              liǎn  rǎn
  衰落——衰弱           脸色——染色

   lù    rù               rú    lú
  收录——收入           儒家——卢家

   rù    lù
  出入—出路
```

第二章 方音辨正练习

r—l：
  ruì lì rì lì rǎo luàn rè liè rèn lǐng
  锐利 日历 扰乱 热烈 认领

  róng liàng rén lì rì luò ràng lù rè làng
  容量 人力 日落 让路 热浪

又如：人类 燃料 热量 染料 人流 热恋

   容留 熔炉 蹂躏 入殓 肉瘤

l—r：
  lǎo rén liè rì lì rú lì rèn lái rén
  老人 烈日 例如 利刃 来人

  lì rùn liú rèn liàn rǔ liè rù lǐ ràng
  利润 留任 炼乳 列入 礼让

又如：连任 猎人 录入 连日 蜡染 来日

   浪人 羸弱 缭绕 凌辱 路人 鹿茸

   落日

l—r 辨音字表

	l	r
a	①拉啦垃邋③喇④辣剌瘌蜡腊落	
ai	②来④赖癞	
an	②兰栏篮蓝婪阑调③懒览揽榄缆④烂滥	②然燃髯③染冉苒
ang	①啷②狼郎廊榔螂琅③朗④浪	②瓤③嚷壤攘④让
ao	①捞②劳痨牢③老姥④涝烙酪	②饶娆③扰④绕
e	④乐勒⑤了	③惹喏④热
ei	①勒②雷擂镭③累（～进）垒儡蕾④累类泪肋	
en		②人仁③忍④认任纫

53

方音矫正

续表

	l	r
eng	②棱③冷④愣	①扔②仍
i	②离篱璃厘狸黎犁梨蜊③礼里理鲤李④粒例立力历沥荔丽	④日
ia	③俩	
ian	②怜连莲联帘廉镰③脸敛④炼链练恋殓	
iang	②良凉梁粮量③两④亮晾谅辆量	
iao	①撩②辽疗僚潦燎嘹聊寥③了④料廖瞭	
ie	③咧④列烈裂劣猎冽洌	
in	②邻鳞麟林淋琳临磷③凛檩④吝蔺赁	
ing	②零灵龄伶蛉铃玲羚聆凌陵菱③岭领④令另	
iu	①溜②刘流琉硫留榴瘤③柳绺④六镏陆	
ong	②龙咙聋笼隆窿③垄拢陇④弄(～堂)	②容溶熔绒戎融
ou	①搂②楼喽耧③搂篓④陋漏露	②柔揉蹂④肉
u	②卢庐炉芦驴颅③卤虏鲁橹④碌陆路赂鹭露(～水)录鹿辘绿(～林)	②如蠕儒③乳辱④入褥
uan	②滦孪③卵④乱	③软
ui		④锐瑞
un	①抡②仑伦沦轮④论	④闰润
uo	①啰(～唆)捋②罗萝逻箩锣螺骡③裸④落洛络骆	④若偌弱
ü	②驴③吕侣铝旅屡履缕④虑滤律率(效～)氯绿	
üe	④略掠	

6. r 的发音

一些方音中没有声母 r,凡普通话中发 r 的音,在一些方言中发为不翘舌的略带摩擦的半元音 y 或 yu。r 发音时舌尖上翘,接近硬腭前端,气流摩擦而出,声带颤动,气流带音。

日历—毅力　日渐—意见　点燃—碘盐
红瓤—弘扬　仍旧—营救　白人—白银
如果—雨果

依然　犹如　友人　毅然　炎热　有如　猿人
洋人　艺人　游人　俨然　鸭绒　嫣然　眼热
妖娆　遗容　用人　萦绕　鱼肉　圆润　羽绒
余热　容易　人员　荣誉　任意　如意　日夜
溶液　日益　肉眼　容颜　人缘　绕远　仁义
人影　日月　人烟　熔岩　儒雅　闰月　锐意
入狱　荣耀　入药

7. f——h

f 是唇齿音,发音时下唇接近上齿,气流从窄缝摩擦而出;h 是舌根音,发音时舌根接近软腭,气流从窄缝摩擦而出。

方音矫正

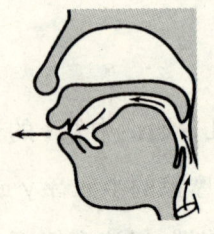
f 发音图

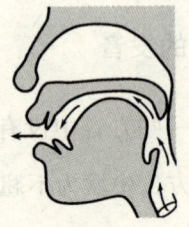
h 发音图

h：
huā huì　hèng huò　hào hàn　háng hǎi　huì huà
花卉　横祸　浩瀚　航海　绘画

huáng hé　huǐ hèn　hún hòu
黄河　悔恨　浑厚

注意：h 刚开始发音就要有比较明显的摩擦。

f：
fēn fāng　fā fèn　fǎng fú　fèi fǔ　fēi fǎ　fēn fù
芬芳　发奋　仿佛　肺腑　非法　吩咐

fēng fù　fǎn fù
丰富　反复

fù　　　　hù　　　　　　fèi　　　huì
舅父——救护　　　公费——工会

fù　　　　hù　　　　　　fǎng fú　　huǎng hū
附注——互助　　　仿佛——恍惚

fáng　　huáng　　　　　fǔ　　　　hǔ
防虫——蝗虫　　　斧头——虎头

fēi fán　　huī huáng　　fèn　　　hùn
非凡——辉煌　　　奋战——混战

fēi　　　huī　　　　　　fù　　　　hù
飞机——灰鸡　　　复员——互援

fāng　　huāng　　　　　fáng　　huáng
方地——荒地　　　防止——黄纸

第二章 方音辨正练习

发生——花生　幅度——弧度　理发——理化

废话——绘画　防风——黄蜂　花卉——花费

花钱——发钱　湖州——福州　芳草——荒草

发红——花红

fā huà　　fā huāng　　fǎn huǐ　　fēng hòu　　fù hé　　hùn fǎng
发 话　　发 慌　　　反 悔　　　丰 厚　　　复 合　　混 纺

hòu fāng　　huà féi　　hóng fēng　　huà fú　　huā fěn
后 方　　　化 肥　　　洪 峰　　　画 符　　花 粉

f—h：发挥　符号　繁华　返回　复合　发狠

　　　分化　符合　腐化　饭盒　防护　妨害

　　　放火　飞蝗　愤恨　凤凰　复活　附和

　　　分红　烽火　分号　缝合　发汗　汾河

　　　发昏　返航　发火　番号　绯红　防洪

　　　反话　粉红　焚毁　风寒　奉还　风华

　　　富豪　风化　孵化　负荷　浮华　附会

h—f：恢复　划分　合法　耗费　焕发　混纺

　　　韩非　合肥　皇甫　何妨　海防　浩繁

　　　和风　豪放　和服　洪峰　横幅　胡蜂

　　　虎符　画舫　换防　荒废　回访　挥发

　　　回复　活泛　伙房　活佛　伙夫　盒饭

方音矫正

绕口令

(1) 丰丰和芳芳,上街买混纺。红混纺,粉混纺,黄混纺,灰混纺,红花混纺做裙子,混纺做衣裳。红、粉、灰、黄花样多,五颜六色好混纺。

(2) 黑化肥发灰,灰化肥发黑。黑化肥发灰会挥发,灰化肥挥发会发黑。

(3) 粉红墙上画凤凰,凤凰画在粉红墙。红凤凰,粉凤凰,粉红凤凰花凤凰。

(4) 房胡子,黄胡子,新年到了写福字。不知道房胡子的福字写得好,还是黄胡子的福字写得好。

(5) 风吹灰飞,灰飞花上花堆灰。风吹花灰灰飞去,灰在风里飞又飞。

f—h 偏旁类推字表

	f	h
a	①发②伐阀筏罚乏③法④发	①哈
ai		①咳嗨②还③海④害
an	①帆翻番②烦繁樊凡矾③反返④饭贩泛范犯	①憨酣②寒含函涵③喊罕④汗旱捍焊憾
ang	①方芳②防妨房肪③仿访纺④放	①夯②行航杭④巷

第二章 方音辨正练习

续表

	f	h
ao		②豪毫壕③好④耗号好浩
e		①呵喝②核禾和合河何盒荷④贺鹤赫褐
ei	①非菲啡扉飞②肥③斐翡诽匪④沸费废痱肺	①嘿黑
en	①分芬吩纷②坟焚③粉④分份忿粪奋愤	②痕③狠很④恨
eng	①丰封风枫疯峰烽锋蜂②缝③讽④缝奉凤	①亨哼②横衡恒④横
ong		①哄(～动)烘轰②红虹鸿洪宏③哄(～骗)④哄(起～)
ou	③否	②喉③吼④厚候后
u	①夫肤麸敷孵②芙扶符弗拂佛伏茯袱乎俘浮幅福辐蝠服③斧釜府俯腑腐甫辅抚④父付附傅缚复腹馥覆副富赋负妇咐	①呼忽惚②胡湖葫糊蝴弧狐壶③虎唬④户沪护
ua		①花哗②划滑华哗铧④化华话画划
uan		①欢②还环寰③缓④患幻涣换唤焕痪
uang		①荒慌②皇凰惶徨蝗黄璜簧③谎晃恍幌④晃(～动)
uai		②槐徊怀淮④坏
ui		①灰恢诙挥辉徽②回茴蛔③毁悔④会绘烩海晦惠汇贿讳慧荟
un		①昏婚荤②浑混馄魂④混
uo		①豁②活③火伙④获祸或惑货霍

方音矫正

8. h 的摩擦

h 刚发音就应该有明显的摩擦,而不能轻柔地哈出来。

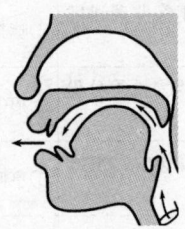

h 发音图

huā huì	huáng hé	hé hū	huī huáng	hòu huǐ
花卉	黄河	合乎	辉煌	后悔
huǎn hé	huān hū	hé huā	hū huàn	huì huà
缓和	欢呼	荷花	呼唤	绘画
hùn hé	hán hu	háng hǎi	hǎo hàn	hún hòu
混合	含糊	航海	好汉	浑厚
hào hàn	háo huá	hé huǒ	huī huò	huǐ huài
浩瀚	豪华	合伙	挥霍	毁坏
huò hài				
祸害				

绕口令

华华有两朵黄花,红红有两朵红花。

华华要红花,红红要黄花。

华华送给红红一朵黄花,红红送给华华一朵红花。

9. 送气——不送气

有的方言 b—p,d—t,g—k,j—q,z—c,zh—ch 不分,如:

你真棒——你真胖　　肚子——兔子

大狗——大口　　　　精华——清华

中断——冲断　　　　清早——青草

练习: 分辨声母的送气与不送气。

卑鄙　背包　编排　普遍　冰雹　瓢泼

乒乓球　澎湃　琵琶　大胆　导弹　忐忑

弹跳　灯塔　特点　古怪　高贵　慷慨　坎坷

概括　客观　机警　焦急　情趣　气球　健全

勤俭　周折　挣扎　出差　惆怅　侦察　船长

藏族　罪责　猜测　苍翠　早操　才子　布匹

排版　赶快　假期　奖券　轴承　争吵　称职

总裁　嘈杂

绕口令

(1) 吃葡萄不吐葡萄皮,不吃葡萄倒吐葡萄皮。

(2) 半盆冰棍半盆瓶,冰棍碰盆盆碰瓶。盆碰冰
　　棍盆不怕,冰棍碰瓶瓶必崩。

方音矫正

(3) 八百标兵奔北坡,炮兵并排北边跑。炮兵怕把标兵碰,标兵怕碰炮兵炮。

(4) 哥挎瓜筐过宽沟,过沟瓜筐滚宽沟。隔沟挎筐瓜筐扣,瓜滚筐空哥怪沟。

(5) 老唐端蛋汤,踏凳登宝塔。只因凳太滑,汤洒汤烫塔。

(6) 崔粗腿和苏腿粗比腿粗,不知是崔粗腿比苏腿粗的腿粗,还是苏腿粗比崔粗腿的腿粗。

10. v——w

普通话中是根本没有唇齿音浊声母 v 的,《汉语拼音方案·字母表》规定,v 只用来拼写外来语、少数民族语言和方言。《声母表》中也根本没有 v。所以,包括一些中央台播音员主持人的发音都是错误的,都应改为 w。

外语　晚稻　新闻联播　亡国奴　看望
巍峨　伟人　温度　问寒问暖　主人翁
问题　作为　完成　外交　位置　十万八千里
文学　歪门邪道　未必

11. m 的发音

m 发音时双唇要灵活、有力地分离,同时发出明确的鼻音。如:

渺茫　麻木　明媚　美满　埋没　磨灭　盲目
秘密　弥漫　茂密

绕口令

白庙外蹲着一只白猫,白庙里有一项白帽。

白庙外的白猫看见了白帽,叼着白庙里的白帽跑出了白庙。

二、韵母方音辨正

1. an/ang、en/eng、in/ing、un/ong、ün/iong、üan 的发音

前鼻音-n 和后鼻音-ng 的不同在于:-n 发音时舌尖抵住上齿龈;而-ng 发音时舌根接触软腭。

方音矫正

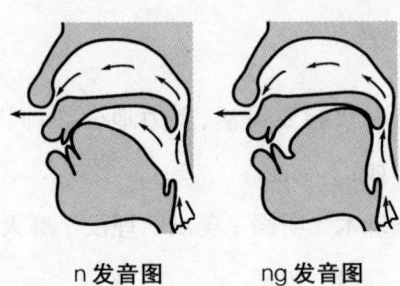

n 发音图　　ng 发音图

　　　　　　n　　　　　ng
（大家）上船——上床

　　　　　　n　　　　　ng
（我们去）天坛——天堂

　　　　　　　n　　　　ng
（我们正在）弹琴——谈情

　　　　　　ng　　　n
（改革）开放——开饭

　n　　　　　　ng
赞颂（民主）——葬送

　　　　　ng n　　　n ng
（中国）青年——亲娘

　　　n　　　　　　　　ng
（以）信誉（求发展）——性欲

　　　　　　　　　　　　　n　　　ng
（我们家养了几十条）金鱼——鲸鱼

　　　　　n ng　　　ng n
（我很）欢迎——荒淫

方案——翻案　　　忠臣——忠诚

不幸——不信　　　分化——风化

静止——禁止　　亲近——清净

引子——影子　　人民——人名

陈诚——程晨

(1) an——ang

烂漫——浪漫　　反问——访问

担心——当心　　山口——伤口

弹词——搪瓷　　渔竿——鱼缸

施展——师长　　一般——一帮

寒天——航天　　心烦——心房

散失——丧失　　产房——厂房

小县——小巷　　泛滥——放浪

赝品——样品　　鲜花——香花

牵手——枪手　　眼光——仰光

专车——装车　　机关——激光

简章——奖章　　关节——光洁

新欢——心慌　　手腕——守望

黯然——盎然　　扳手——帮手

险象——想象　　简历——奖励

廉价——粮价　　奉还——凤凰

an

惨淡　单产　胆寒　胆敢　翻案　翻版　反感

方音矫正

反叛　泛滥　犯案　犯难　肝胆　感叹　寒战
勘探　懒汉　烂漫　蛮干

ang
苍茫　长方　当场　放荡　刚刚　行当　浪荡
上场　上当　上房　烫伤　张扬　账房

an－ang
担当　安放　班长　繁忙　山冈　南方　反抗
安康　返航　漫长　肝脏　擅长　战场　班长
反常　点将　坚强　现象　观光　宽广　端庄

ang－an
商贩　当然　傍晚　畅谈　上班　账单　商战
汤饭　钢板　房山　档案　商谈　怅然　相间
香甜　想念　光环　双关　狂欢

(2)en－eng
陈旧——成就　　真理——争理
申明——声明　　木盆——木棚
清真——清蒸　　瓜分——刮风
绅士——声势　　人参——人生
诊治——整治　　沉积——乘机
长针——长征　　粉刺——讽刺

深思——生丝　　余温——渔翁
门牙——萌芽　　枕套——整套
真诚——征程　　功臣——工程
伸展——生长　　芬芳——蜂房
审视——省事

en
本人　分身　粉尘　妊娠　愤恨　人文　认真
深沉　神人　审慎　真人　沉闷　人参　珍本
深圳

eng
承蒙　风声　更生　萌生　声称　生疼　升腾
省城　征程　蒸腾　丰盛　猛增

en—eng
真诚　本能　深层　奔腾　真正　神圣　纷争
门缝　人称　人生　晨风　分封　认生

eng—en
成本　成分　登门　承认　成人　诚恳　城镇
风尘　缝纫　能人　胜任　正门　证人　生根
更深

方音矫正

(3) in—ing

亲生——轻生	金质——精致
人民——人名	信服——幸福
频繁——平凡	亲近——清净
贫民——平民	金银——经营
弹琴——谈情	进攻——静功
信誉——性欲	亲信——青杏

in

信心	辛勤	新近	音频	音信	殷勤	濒临
仅仅	近邻	近亲	尽心	临近	民心	拼音
亲近	亲信	薪金				

ing

定情	定型	评定	请命	行刑	惊醒	精灵
荧屏	精明	清醒	经营	菱形	请缨	零星
灵性	领情	情形	另行	明净	明星	倾听
影评	轻盈	姓名	清明	平定	性情	蜻蜓
性命	行星	硬性	酩酊	行径	叮咛	秉性
冰凌	庆幸	宁静				

in—ing

心情	禁令	新兴	民警	品行	聘请	进行

新型　尽情　心灵　拼命　民兵　金星　新颖
阴影　拼命　品评　林凌　金荆　新星　尽兴
心境

ing—in
听信　灵敏　清新　平民　迎新　影印　警民
领巾　精心　轻信　病因　定亲　京津　挺进
平信

(4) un—ong, ün—iong, üan

un—ong
孙松　滚筒　昆仲　尊重　稳重　滚动　顺从
昆虫　混同　通顺　农村　红润
轮子——笼子　炖肉——冻肉　存钱——从前
春天——冲天　滚开——拱开　吞并——通病
纯净——崇敬

üan
涓涓　全权　渊源　源泉　圆圈　轩辕　捐献
卷烟　宣传　悬挂　选择　元气　原来

ün—iong
运用　云涌　军用　群雄　拥军　用韵
寻衅——雄性　用煤——运煤

方音矫正

ün

军事　俊俏　骏马　群众　裙子　勋章　驯服

循环　巡回　巡逻　寻求

iong

汹涌　炯炯　匈奴

练习：注意分辨前后鼻音。

橄榄　螳螂　深圳　逞能　金银　姓名　馄饨

均匀　证明　圣经　奉承　登山　怜悯　文明

呻吟　曾孙　更新　喷嚏　问安　耕种　南方

本能　恳请　怨恨　男女　狠心　星辰　门诊

谨慎　奋进　猛醒　原因　镇静　澄清　北斗星

小娘子　穷光蛋　深更半夜　航空母舰

望闻问切　身在曹营心在汉

和尚训道士——管得宽　中山狼　生力军

防风林　传声筒　连衣裙　昆仑山　芸芸众生

兴风作浪　红尘滚滚　层峦叠嶂　功到自然成

不分青红皂白　心有灵犀一点通

名不正则言不顺　一叶障目,不见泰山

浓绿万枝红一点,动人春色不需多

记字音

除"嫩"之外,en 不能与 d、t、n、l 相拼,所以方言中(d、t、n、l)en 都应矫正为(d t n l)eng,如"等、疼、能、冷"。

除"您"之外,in 不能与 d、t、n 相拼,所以方言中(d、t、n)in 都应矫正为(d、t、n)ing,如"顶、听、拧"。

记特例。比如,"并"系列一般都是后鼻音,但"拼、姘"是前鼻音;"令"系列一般都是后鼻音,但"邻、拎"是前鼻音。

同义成语

an、ian、uan、üan

防患未然——防微杜渐　未雨绸缪——有备无患
化险为夷——转危为安　见机行事——随机应变
侃侃而谈——娓娓而谈　因循守旧——一成不变
自以为是——自命不凡　内外交困——内忧外患
骑虎难下——进退两难　等量齐观——混为一谈
改过自新——改恶从善

ang、iang、uang

百发百中——百步穿杨　自然而然——顺理成章
开门见山——直截了当　苦口婆心——语重心长
美轮美奂——富丽堂皇　包藏祸心——居心不良

方音矫正

推波助澜——兴风作浪　　活灵活现——跃然纸上
平分秋色——半斤八两

en、in、uen、ün

按部就班——循序渐进　　俯首帖耳——百依百顺
和蔼可亲——平易近人　　万无一失——十拿九稳
马到成功——一帆风顺　　别具匠心——匠心独运
藕断丝连——难舍难分　　呕心沥血——煞费苦心
外强中干——色厉内荏　　穷途末路——山穷水尽
石沉大海——杳无音讯　　同日而语——相提并论
形形色色——五花八门

eng、ing、ueng、ong

操之过急——急于求成　　唯唯诺诺——言听计从
改邪归正——弃暗投明　　姹紫嫣红——万紫千红
固执己见——一意孤行　　自以为是——刚愎自用
大名鼎鼎——赫赫有名　　瓜熟蒂落——水到渠成
转败为胜——绝处逢生　　墨守成规——故步自封
屈指可数——寥若晨星　　万籁俱寂——鸦雀无声
偃旗息鼓——鸣金收兵　　调兵遣将——兴师动众

反义成语

an、ian、uan、üan

拔刀相助——袖手旁观　　赤手空拳——荷枪实弹
犹豫不决——当机立断　　举棋不定——毅然决然
一视同仁——另眼相看　　乐不思蜀——归心似箭
流芳百世——遗臭万年　　藕断丝连——一刀两断
钩心斗角——披肝沥胆　　随声附和——各执己见
天下太平——烽火连天　　兵荒马乱——国泰民安
四海升平——天下大乱　　一日千里——举步维艰
蜀犬吠日——屡见不鲜　　闻所未闻——司空见惯
交口称赞——天怒人怨

ang、iang、uang

碌碌无为——奋发图强　　俯首帖耳——不卑不亢
高瞻远瞩——鼠目寸光　　井然有序——杂乱无章
宽宏大量——鼠肚鸡肠　　挂一漏万——包罗万象
难于登天——易如反掌　　其貌不扬——仪表堂堂
危如累卵——固若金汤　　一贫如洗——富甲一方

en、in、uen、ün

反复无常——言而有信　　桀骜不驯——百依百顺
见多识广——孤陋寡闻　　引咎自责——嫁祸于人
胸无点墨——满腹经纶　　虚怀若谷——目中无人

方音矫正

探囊取物——大海捞针　　损人利己——舍己为人
停滞不前——突飞猛进　　挺身而出——明哲保身
无微不至——不闻不问　　洗耳恭听——充耳不闻
心花怒放——忧心如焚

eng、ing、ueng、ong

刚直不阿——曲意逢迎　　虎头蛇尾——善始善终
如出一辙——截然不同　　一模一样——大相径庭
心口如一——言不由衷　　喜形于色——痛不欲生
学富五车——目不识丁　　门可罗雀——车水马龙
年轻力壮——老态龙钟　　一表人才——面目可憎
一曝十寒——持之以恒　　人声鼎沸——鸦雀无声
忍气吞声——据理力争　　山穷水尽——柳暗花明
神通广大——黔驴技穷　　视死如归——苟且偷生
同心协力——各自为政　　循序渐进——急于求成
招降纳叛——选贤任能　　自食其力——坐享其成
不劳而获——自力更生

顺口溜

an、ian、uan、üan

宁走远,不走险　　　　　言之无文,行而不远
一叶障目,不见泰山　　　有则改之,无则加勉
只此一家,别无分店　　　只可意会,不可言传

远在天边,近在眼前　　宁为玉碎,不为瓦全
勤能补拙,俭可养廉　　老当益壮,穷且益坚
读书百遍,其义自见(xiàn)
学而不厌,诲(huì)人不倦
一方有难,八方支援　　一人得道,鸡犬升天
兼听则明,偏信则暗　　谋事在人,成事在天
星星之火,可以燎原　　杀人偿命,欠债还钱
好借好还,再借不难　　吃千吃万,不如吃饭
韩信将兵,多多益善　　取人之长,补己之短
与其苦熬,不如苦干　　当断不断,反受其乱
苦海无边,回头是岸　　不怕现官,只怕现管
漫天要价,就地还钱　　君子报仇,十年不晚
君子一言,快马一鞭　　品行有高低,职业无贵贱
三百六十行,行行出状元
淡泊以明志,宁静以致远
采菊东篱下,悠然见南山
但愿人长久,千里共婵(chán)娟
国以民为本,民以食为天
众人一条心,黄土变成金
在家千日好,出门一时难
虎瘦雄心在,人穷志不短

方音矫正

瓜田不纳履(lǚ),李下不整冠

吃人家的嘴软,拿人家的手短

书到用时方恨少,事非经过不知难

好言一句三冬暖,恶语伤人六月寒

两个黄鹂鸣翠柳,一行白鹭上青天

草长莺飞二月天,拂堤杨柳醉春烟

儿童散学归来早,忙趁东风放纸鸢

自古英雄多磨难,从来纨绔(wán kù)少伟男

江山代有才人出,各领风骚数百年

但使龙城飞将在,不教胡马度阴山

孩儿立志出乡关,学不成名誓不还

埋骨何须桑梓(zǐ)地,人生无处不青山

青山处处埋忠骨,何须马革裹尸还

飞流直下三千尺,疑是银河落九天

春蚕到死丝方尽,蜡炬成灰泪始干

安能摧眉折腰事权贵,使我不得开心颜

鸟之将死,其鸣也哀;人之将死,其言也善

人非圣贤,孰能无过;过而能改,善莫大焉

滴水穿石,非一日之功;冰冻三尺,非一日之寒

心有三爱:奇书骏马佳山水;园栽四物:青松翠竹白梅兰

第二章 方音辨正练习

贵有恒,何必三更眠五更起;最无益,莫过一日曝(pù)十日寒

en、in、uen、ün

上天无路,入地无门　十年树木,百年树人

树高千丈,叶落归根　视而不见,听而不闻

知无不言,言无不尽　千锤打锣,一锤定音

人人为我,我为人人　物以类聚,人以群分

物竞天择,适者生存　逢强智取,遇弱活擒(qín)

己所不欲,勿施于人　行要好伴,住要好邻

四体不勤,五谷不分　金无足赤,人无完人

钱财如粪土,仁义值千金

来说是非者,便是是非人

江南无所有,聊寄一枝春

路遥知马力,日久见人心

疾风知劲(jìng)草,烈火见真金

师傅领进门,修行靠个人

海内存知己,天涯若比邻

隔墙须有耳,窗外岂无人

认理不认人,帮理不帮亲

白酒红人面,黄金黑人心

近水知鱼性,进山识鸟音

方音矫正

宁为太平犬,莫做乱世人

人事有代谢,往来成古今

儿不嫌母丑,狗不嫌家贫

读书破万卷,下笔如有神

世上无难事,只怕有心人

鸟宿池边树,僧敲月下门

笔落惊风雨,诗成泣鬼神

只要功夫深,铁杵(chǔ)磨成针

吃得苦中苦,方为人上人

即以其人之道,还治其人之身

宝剑赠予烈士,红粉送与佳人

远水不救近火,远亲不如近邻

岂能尽如人意,但求无愧我心

劝君更尽一杯酒,西出阳关无故人

一斗米养个恩人,一石米养个仇人

近水楼台先得月,向阳花木易为春

儿童急走追黄蝶,飞入菜花无处寻

山重水复疑无路,柳暗花明又一村

清明时节雨纷纷,路上行人欲断魂

借问酒家何处有,牧童遥指杏花村

沉舟侧畔千帆过,病树前头万木春

长江后浪推前浪,一代新人换旧人
出师未捷身先死,常使英雄泪满襟(jīn)
此曲只应天上有,人间能得几回闻
有心栽花花不开,无意插柳柳成荫
画虎画皮难画骨,知人知面不知心
莫愁前路无知己,天下谁人不识君
贫居闹市无人问,富在深山有远亲
独在异乡为异客,每逢佳节倍思亲
一寸光阴一寸金,寸金难买寸光阴
一年之计在于春,一生之计在于勤
千年老树当衣架,万里长江做浴盆
不当家不知柴米贵,不养儿不知父母恩

ang、iang、uang

明枪易躲,暗箭难防	嬉笑怒骂,皆成文章
有福同享,有难同当	有病早治,无病早防
人靠衣装,佛靠金装	道高一尺,魔高一丈
百足之虫,死而不僵	尺有所短,寸有所长
猫急上树,狗急跳墙	两虎相斗,必有一伤
阎王好见,小鬼难当	前人栽树,后人乘凉
三天打鱼,两天晒网	春生夏长,秋收冬藏
食不过饱,饮不过量	铁肩担道义,妙手著文章

方音矫正

得意走官场,失意写文章
挽弓当挽强,用箭当用长
射人先射马,擒贼先擒王
先下手为强,后下手遭殃
山中无老虎,猴子称大王
一粒老鼠屎,坏了一锅汤
三个臭皮匠,抵个诸葛亮
海为龙世界,云是鹤家乡
泥融飞燕子,沙暖睡鸳鸯
将相本无种,男儿当自强
胆欲大而心欲小,智欲圆而行欲方
各人自扫门前雪,莫管他人瓦上霜
世事洞明皆学问,人情练达即文章
牢骚太盛防肠断,风物长宜放眼量
梅须逊雪三分白,雪却输梅一段香
多个朋友多条路,少个对头少堵墙
生姜还是老的辣,八角还是老的香
生意兴隆通四海,财源茂盛达三江
天苍苍,野茫茫,风吹草低见牛羊
海纳百川,有容乃大;壁立千仞,无欲则刚

金杯银杯,不如老百姓口碑;金奖银奖,不如老百姓夸奖

eng、ueng、ing、ong、iong

八仙过海,各显神通　　百花齐放,百家争鸣
如临深渊,如履薄冰　　当局者迷,旁观者清
哀其不幸,怒其不争　　大胆假设,小心论证
风声鹤唳(lì),草木皆兵　攻无不克,战无不胜
古为今用,洋为中用　　落花有意,流水无情
兵马未动,粮草先行　　般般都会,样样稀松
福无双至,祸不单行　　石闲生苔,人闲生病
金玉其外,败絮其中　　项庄舞剑,意在沛公
人无千日好,花无百日红
满怀心腹事,尽在不言中
台上一分钟,台下十年功
千里送鹅毛,礼轻情义重
生当做人杰,死亦为鬼雄
白骨露于野,千里无鸡鸣
虎父无犬子,强将无弱兵
与其坐着说,何如起来行
秀才遇大兵,有理说不清
一旦动干(gān)戈(gē),十年不太平

方音矫正

野火烧不尽,春风吹又生
士为知己者死,女为悦己者容
只许州官放火,不许百姓点灯
有理走遍天下,无理寸步难行
时间就是金钱,效率就是生命
纸上得来终觉浅,绝知此事要躬行
为人不做亏心事,半夜敲门心不惊
沾衣欲湿杏花雨,吹面不寒杨柳风
良药苦口利于病,忠言逆耳利于行
不看僧面看佛面,不看鱼情看水情
哪只耗子不偷油,哪只猫儿不吃腥
退一步天高地阔,让三分柳暗花明
名不正则言不顺,言不顺则事不成
有缘千里来相会,无缘对面不相逢
无限朱门生饿殍(piǎo),几多白屋出公卿
打虎还得亲兄弟,上阵须叫父子兵
福如东海长流水,寿比南山不老松
千磨万击还坚劲(jìng),任尔东西南北风
面壁十年图破壁,难酬蹈海亦英雄
人生自古谁无死,留取丹心照汗青
了却君王天下事,赢得生前身后名

横看成岭侧成峰,远近高低各不同

不识庐山真面目,只缘身在此山中

身无彩凤双飞翼,心有灵犀(xī)一点通

涉浅水者得鱼虾,涉深水者擒蛟龙

一道残阳铺水中,半江瑟瑟半江红

年年岁岁花相似,岁岁年年人不同

兵在精而不在多,将在谋而不在勇

卧如弓,站如松,行如风,声如钟

人人都有好唱的曲,家家都有难念的经

鼓浪屿之波(歌唱;歌词朗诵)

鼓浪屿四周海茫茫,海水鼓起波浪。

鼓浪屿遥对着台湾岛,台湾是我家乡。

登上日光岩眺望,只见云海苍苍。

我渴望,我渴望,快快见到你,美丽的基隆港!

母亲生我在台湾岛,基隆港把我滋养。

我紧紧偎依着老水手,听他讲海龙王。

那迷人的故事吸引我,他娓娓的话语记心上。

我渴望,我渴望,快快见到你,美丽的基隆港!

鼓浪屿海波在日夜唱,唱不尽骨肉情长。

方音矫正

舀(yǎo)不干海峡的思乡水,思乡水鼓动波浪。

思乡,思乡啊思乡,鼓浪,鼓浪啊鼓浪,

我渴望,我渴望,快快见到你,美丽的基隆港。

破阵子　为陈同甫赋壮词以寄之
辛弃疾

醉里挑灯看剑,梦回吹角连营。

八百里分麾下炙,五十弦翻塞外声。

沙场秋点兵。

马作的卢飞快,弓如霹雳弦惊。

了却君王天下事,赢得生前身后名。

可怜白发生!

江城子　密州出猎
苏轼

老夫聊发少年狂,左牵黄,右擎苍。

锦帽貂裘,千骑卷平冈。

欲报倾城随太守,亲射虎,看孙郎。

酒酣胸胆尚开张,鬓微霜,又何妨!

持节云中,何日遣冯唐?

会挽雕弓如满月,西北望,射天狼。

水调歌头　中秋

苏轼

丙辰中秋，欢饮达旦，大醉，作此篇，兼怀子由。

明月几时有？把酒问青天。
不知天上宫阙，今夕是何年？
我欲乘风归去，又恐琼楼玉宇，高处不胜寒。
起舞弄清影，何似在人间？

转朱阁，低绮户，照无眠。
不应有恨，何事长向别时圆？
人有悲欢离合，月有阴晴圆缺，此事古难全。
但愿人长久，千里共婵娟。

新百家姓

杜若甫　袁义达　邢捍国

zhào qián sūn lǐ　zhōu wú zhèng wáng
赵 钱 孙 李，周 吴 郑　王

féng chén wǔ wèi　jiǎng shěn hán yáng
冯 陈 武 魏，蒋 沈 韩 杨

zhū qín liú xǔ　hé lǚ shí zhāng
朱 秦 刘 许，何 吕 石　张

kǒng cáo yán xià　jīn cuī yáo jiāng
孔 曹 阎 夏，金 崔 姚 姜

方音矫正

xú xiè zōu yì　bái léi qiū wāng
徐 谢 邹 易，白 雷 邱 汪

wén sū pān hè　lí fàn péng liáng
文 苏 潘 贺，黎 范 彭 梁

lú lù jiāng mǎ　qiáo dèng jiǎ fāng
卢 陆 江 马，乔 邓 贾 方

yú rén yuán hóu　zēng shào shǐ táng
于 任 袁 侯，曾 邵 史 唐

cài tián lín xuē　sòng guō yú tāng
蔡 田 林 薛，宋 郭 余 汤

chéng gōng luó dīng　hǎo hú tán cháng
程 龚 罗 丁，郝 胡 谭 常

yè máo gāo gù　lài wàn zhōng kāng
叶 毛 高 顾，赖 万 钟 康

fù liào duàn dù　dǒng mèng lóng huáng
傅 廖 段 杜，董 孟 龙 黄

dài xióng xiāo yǐn　biàn bù zǔ bāng
戴 熊 萧 尹，遍 布 祖 邦。

说明：

1. 这是根据1987年5月2日新华社发布的按人数多少依次排定的我国最常见100个汉族姓氏而编排的。

2. 为便于学习记忆，编排时尽可能地利用了旧本百家姓的框架。

3. 背会《新百家姓》，将给你的交际带来帮助：帮你迅速回忆起别人的姓氏，便于称呼。

4. “一两口气背完《新百家姓》”，可做节目演出。

5. 可搞“夸夸我们一家子”活动，让学生说说自己同姓的名人和他们的事迹。

an—ang 辨音字表

	an	ang
ø	①安桉氨鞍庵鹌谙③俺铵④岸按案胺暗黯	①肮②昂④盎
b	①扳颁班斑般搬③阪坂板版舨④办半伴拌绊扮瓣	①邦帮梆浜③绑榜膀④蚌棒傍谤磅镑
p	①番潘攀②爿胖盘磐蟠蹒④判叛畔盼襻	①乓滂膀②庞旁膀磅螃④胖
m	②埋蛮蔓馒鳗瞒③满螨④曼谩蔓幔慢漫	②邙芒忙盲氓茫③莽蟒
f	①帆番幡藩翻②凡矾烦蕃樊繁③反返④犯范饭贩泛梵	①方坊芳②防坊妨肪房③仿访纺舫④放
d	①丹担单郸殚眈耽③胆疸掸④石旦但担诞淡惮弹蛋氮澹	①当铛裆③挡党谠④当档凼砀荡宕
t	①坍贪摊滩瘫②坛昙谈痰弹覃谭潭檀③忐坦袒毯④叹炭碳探	①汤②唐塘搪糖堂膛螳棠③倘淌躺傥④烫趟
n	①囡②男南喃楠难③腩蝻④难	①囔②囊馕③攮④齉
l	②兰拦栏岚婪阑澜谰蓝褴篮③览揽缆榄懒④烂滥	①啷②郎廊榔螂狼琅锒③朗④浪
g	①干杆肝竿甘泔柑尴③杆秆赶擀敢橄感④干赣	①冈刚纲钢扛肛缸罡③岗港④杠钢戆

方音矫正

续表

	an	ang
k	①刊看堪③坎砍侃槛④看阚瞰	①康慷糠②扛④亢伉抗炕
h	①鼾酣憨②邗汗邯含晗函涵韩寒③罕喊④汉汗旱捍悍焊颔翰瀚撼憾	①夯②行吭杭航④巷
zh	①占沾毡粘詹瞻③斩崭盏展辗④占战站栈绽湛颤蘸	①张章彰獐樟蟑③长涨掌④丈仗杖账帐涨障瘴
ch	①掺搀②单婵禅蝉谗馋孱潺缠蟾③产铲谄阐④忏颤	①昌菖猖娼②长肠尝偿徜常嫦③厂场敞④怅畅倡唱
sh	①山舢杉衫删姗珊栅跚苫扇煽膻③闪陕④讪汕疝苫单禅扇骟善缮膳擅赡鳝	①伤殇商墒③上垧响垧赏④上尚绱
r	②然燃③冉苒染	①嚷②瓤③壤攘嚷④让
z	①糌簪②咱③攒④暂錾赞瓒	①赃脏臧④脏奘葬藏
c	①参餐②残蚕惭③惨④灿璨	①仓苍沧舱②藏
s	①三叁③伞散馓④散	①丧桑③搡嗓④丧

en—eng 辨音字表

	en	eng
ø	①恩④摁	
b	①奔③本④笨	①崩②甭③绷④迸蹦泵
p	①喷②盆④喷	①烹②朋棚硼鹏彭澎膨③捧④碰
m	①闷②门们④闷	①蒙②盟萌蒙檬朦③猛蜢锰④梦孟

第二章 方音辨正练习

续表

	en	eng
f	①分芬纷吩②坟棼汾③粉④奋份粪忿愤	①风枫疯蜂峰丰封②逢缝冯③讽④奉凤缝
d		①登灯③等④邓凳瞪
t		②疼腾誊滕藤
n	④嫩	②能
l		②棱③冷④愣
g	①根跟②哏④艮	①耕庚羹更③耿梗④更
k	③肯啃垦恳	①坑
h	②痕③很狠④恨	①亨哼②横衡恒④横
zh	①真贞针侦珍胗斟③诊疹枕④振震镇阵	①争峥狰征正挣蒸③整拯④正政证症郑挣
ch	①嗔抻②晨辰沉忱陈臣尘③碜④衬趁称	①称撑②成城诚承呈程惩澄乘盛③逞骋④秤
sh	①申伸呻绅身深②神③沈审婶④甚慎肾渗	①生牲笙甥升声②绳③省④圣胜盛剩
r	②人仁壬③忍④任认刃韧	①扔②仍
z	③怎	①曾增憎④赠锃
c	①参②岑涔	①噌②曾层④蹭
s	①森	①僧

方音矫正

in—ing 辨音字表

	in	ing
∅	①因姻殷音阴②银龈垠吟寅淫③引蚓隐瘾饮尹④印荫	①英应鹰婴樱缨鹦②营莹萤盈迎赢③影④映硬应
b	①宾滨缤彬④殡鬓	①兵冰③丙柄秉饼禀④病并
p	①拼②贫频③品④聘	①乒②平苹萍屏瓶凭
m	②民③敏皿闽悯泯	②名茗铭明鸣冥③酩④命
d		①丁叮钉仃叮③顶鼎④定锭订
t		①听厅汀②亭婷停廷庭蜓③挺艇
n	②您	②宁狞拧凝③拧④宁佞泞
l	②林琳淋霖邻磷鳞麟③凛凛檩④吝赁蔺	①灵伶蛉玲零铃龄菱陵凌绫③岭领④另令
j	①今斤巾金津襟筋③紧锦仅谨馑④尽劲缙觐烬近晋禁浸	①京惊鲸茎经菁精睛晶荆兢粳③景颈井警④敬镜竟净静境竟径劲
q	①亲侵钦②勤琴芹秦禽擒③寝④沁	①氢轻倾青清蜻卿②情晴擎③顷请④庆亲
x	①新薪辛锌欣心馨④信衅	①星腥猩兴②形刑型邢行③省醒④幸姓性杏兴

绕口令

(1) 天津和北京,津京两个音。一个前鼻音,一个后鼻音。你要分不清,请您认真听。

90

(2) 一个老僧一本经,一句一行念得清。不是老僧爱念经,不会念经当不了僧。

(3) 天上看,满天星;地下看,有个坑;坑里看,有盘冰。坑外长着一老松,松上落着一只鹰,松下坐着一老僧,僧前放着一部经,经前点着一盏灯,墙上钉着一根钉,钉上挂着一张弓。说刮风,就刮风,刮得男女老少难把眼睛睁。刮散了天上的星,刮平了地上的坑,刮化了坑里的冰,刮倒了坑外的松,刮飞了松上的鹰,刮走了松下的僧,刮乱了僧前的经,刮灭了经前的灯,刮掉了墙上的钉,刮翻了钉上的弓。这是一段星散、坑平、冰化、松倒、鹰飞、僧走、经乱、灯灭、钉掉、弓翻的绕口令。

(4) 扁担长,板凳宽,扁担没有板凳宽,板凳没有扁担长。扁担绑在板凳上,板凳不让扁担绑在板凳上,扁担偏要绑在板凳上。

(5) 东洞庭,西洞庭,洞庭山上一条藤,藤上藤下挂铜铃,风吹藤动铜铃动,风停藤停铃不鸣。

(6) 青龙洞中龙做梦,青龙做梦出龙洞。做了千年万载梦,龙洞困龙在深洞。自从来了新愚公,愚公捅开青龙洞。青龙洞中涌出龙,龙去农田做农工。

(7) 小芹手脚灵,轻手擒蜻蜓;

小青人精明,天天学钢琴。

擒蜻蜓,趁天晴,小芹晴天擒住大蜻蜓;

学钢琴,趁年轻,小青精益求精练本领。

你想学小芹,还是学小青?

(8) 小陈去卖针,小沈去卖盆。

俩人挑着担,一起出了门。

小陈喊卖针,小沈喊卖盆。

也不知是谁卖针,也不知是谁卖盆。

(9) 郑政捧着盏台灯,彭澎扛着架屏风,

彭澎让郑政扛屏风,郑政让彭澎捧台灯。

(10) 这边一个人,挑了一挑瓶。

那边一个人,担了一挑盆。

瓶碰烂了盆,盆碰烂了瓶。

卖瓶买盆来赔盆,卖盆买瓶来赔瓶。

瓶不能赔盆,盆不能赔瓶。

(11)藤绳挂风灯,风更猛,风更增,灯碰藤绳藤碰灯。

(12)珍珍绣锦枕,绣枕用金针,双蝶枕上争,珍珍的锦枕赠亲人。

(13)生身亲母亲,谨请您就寝。请您心宁静,身心很要紧。新星伴明月,银光澄清清。尽是清净境,警铃不要惊,您请我进来,进来敬母亲。

(14)天连水,水连天,水天一色望无边。
蓝蓝的天似绿水,绿绿的水如蓝天。
到底是天连水,还是水连天?

(15)天津临近北京,南京远离重庆。临近北京的天津,今天由晴转阴;远离重庆的南京,今天由阴转晴。过了今天是明天,明天津京阴晴定,天津多阴少晴请听清,南京多晴少阴气象新。

(16)一平盆面,烙一平盆饼;饼碰盆,盆碰饼。

(17)蓝天上是片片白云,草原上是银色的羊群。近处看,这是羊群,那是白云;远处看,分不

方音矫正

清哪是白云,哪是羊群。

(18) 岭顶鹰鸣,酃酊兵丁停艇听。

(19) 小勇放风筝,风筝倒栽葱;小晶放风筝,风筝升高空。小晶帮小勇修风筝,小勇帮小晶扯线绳。两个风筝随风起,高高飘在半空中。

(20) 莹莹、明明逛冰城,冰城里面看冰灯。冰灯冰灯亮晶晶,就像进了水晶宫。水晶宫里尽是灯,莹莹、明明数冰灯。上有灯,下有灯,左有灯,右有灯。冰城里面多少灯?无数冰灯放光明。

义勇军进行曲

田汉作词　聂耳作曲

起来!不愿做奴隶的人们!
把我们的血肉,筑成我们新的长城!
中华民族到了最危险的时候,
每个人被迫着发出最后的吼声!
起来!起来!起来!我们万众一心,
冒着敌人的炮火前进,
冒着敌人的炮火前进!前进!前进进!

第二章 方音辨正练习

铃儿响叮当

啊,冲破大风雪,我们坐在雪橇上,快奔驰过田野,我们欢笑又歌唱。马儿铃声响叮当,令人精神多欢畅,我们今晚滑雪真快乐,把滑雪歌儿唱。叮叮当叮叮当,铃儿响叮当,今晚滑雪多快乐,我们坐在雪橇上。

这是白雪遍地,趁这少年好时光,带上亲爱的朋友,把滑雪歌儿唱。有一匹栗色马,它日行千里长,我们把它套在雪橇上,就飞奔向前方。叮叮当叮叮当,铃儿响叮当,今晚滑雪多快乐,我们坐在雪橇上。

2. 分清 i、ü

发 ü 的技巧:先展唇发 i,舌位不动,慢慢把嘴唇拢圆,就能发出 ü 了。

小姨——小鱼　白银——白云　意见——遇见
通讯——通信　潜水——泉水　全面——前面
渔民——移民　居民——饥民　拟人——女人
遗产——渔产　疑点——雨点　疫苗——育苗
意想——预想　积压——拘押　急促——局促
几尺——矩尺　记住——巨著　技法——句法

方音矫正

七窍——躯壳　棋谱——曲谱　气象——去向
启齿——龋齿　稀罕——虚汗　喜酒——许久
系列——序列　戏文——序文　细雨——絮语
抑郁——寓意　急剧——聚集　议和——愈合
容易——荣誉　十亿——食欲　经济——京剧
细语——絮语　联系——连续　分区——分期
气味——趣味　戏曲——序曲　艳遇——愿意
郊区——娇妻　季节——拒绝　猎取——掠取
夜幕——悦目　金银——均匀　亏欠——规劝

i—ü
继续　谜语　例句　履历　距离　曲艺

i
荸荠　鼻涕　笔记　比例　气体　气息　积极
基地　机器　极力　极其　洗涤　戏迷

ü
聚居　屈居　渔具　语序　玉宇　曲剧　须臾
栩栩　寓居　豫剧　解决　竭蹶　谢绝　灭绝
月夜　确切　学业　决裂

同义成语

i、ü

安分守己——循规蹈矩　　甘拜下风——五体投地
不共戴天——势不两立　　持之以恒——坚持不渝
平起平坐——分庭抗礼　　群策群力——集思广益
开宗明义——直抒胸臆　　齐心协力——和衷共济
沾沾自喜——洋洋得意　　顺风使舵——顺坡下驴
妄自菲薄——自暴自弃　　隐姓埋名——销声匿迹

ie

分崩离析——四分五裂　　支离破碎——土崩瓦解
一鼓作气——趁热打铁　　刻不容缓——迫在眉睫

反义成语

i、ü

连篇累牍——三言两语　　独断专行——群策群力
一意孤行——集思广益　　知恩图报——忘恩负义
好高骛远——脚踏实地　　厚此薄彼——不偏不倚
口是心非——表里如一　　面面俱到——顾此失彼
唾手可得——来之不易　　破绽百出——无懈可击
穷乡僻壤——通都大邑　　自力更生——仰人鼻息
扬眉吐气——垂头丧气　　不假思索——深谋远虑
心甘情愿——迫不得已　　气急败坏——平心静气

方音矫正

无精打采——神采奕奕　　操之过急——从长计议
腰缠万贯——囊空如洗　　愁肠百结——洋洋得意
有机可乘——无懈可击　　众寡悬殊——势均力敌
自暴自弃——自强不息

ie、üe

颠沛流离——安居乐业　　雪中送炭——趁火打劫
欣喜若狂——悲痛欲绝　　大海捞针——瓮中捉鳖
功成名就——身败名裂　　标新立异——抱残守缺
浑然一体——四分五裂　　支离破碎——完好无缺
平易近人——目空一切　　伯仲之间——天壤之别
无价之宝——破铜烂铁

顺口溜

i、ü

人心齐,泰山移　　　　　满招损,谦受益
玉不琢(zhuó),不成器　　比上不足,比下有余
空口无凭,立字为据　　　城门失火,殃及池鱼
人在江湖,身不由己　　　一波未平,一波又起
日出而作,日落而息　　　成事不足,败事有余
江山易改,本性难移　　　鞠躬尽瘁,死而后已
有钱出钱,有力出力　　　事不关己,高高挂起
看菜吃饭,量体裁衣　　　差之毫厘,谬以千里

人怕丢脸,树怕剥皮　　当面教子,背后教妻

鹬(yù)蚌(bàng)相争,渔翁得利

不怕一万,只怕万一　　桃李不言,下自成蹊(xī)

恶人先告状,无理先报屈

亲不过父母,近不过夫妻

本是同根生,相煎(jiān)何太急

君子坦荡荡,小人长戚(qī)戚

公说公有理,婆说婆有理

工欲善其事,必先利其器

老牛自知夕阳晚,不用扬鞭自奋蹄

军民团结如一人,试看天下谁能敌

龙游浅水遭虾戏,虎落平阳被犬欺

欲把西湖比西子,淡妆浓抹总相宜

老骥(jì)伏枥(lì),志在千里;烈士暮年,壮心不已

ie、üe

余音绕梁,三日不绝　　送君千里,终有一别

好话说尽,坏事做绝　　细雨鱼儿出,微风燕子斜

话不要说死,事不要做绝

常在河边走,哪能不湿鞋

人有悲欢离合,月有阴晴圆缺

可上九天揽月,可下五洋捉鳖

方音矫正

五岳归来不看山,黄山归来不看岳
醉翁之意不在酒,在乎山水之间也

绕口令

(1) 这天天下雨,体育局穿绿雨衣的女小吕,去找穿绿运动衣的女老李。

穿绿雨衣的女小吕,没找到穿绿运动衣的女老李,

穿绿运动衣的女老李,也没见着穿绿雨衣的女小吕。

(2) 李律栽了一园李,吕力栽了满园梨。李律摘李送吕力,吕力摘梨送李律。吕力向李律学栽李,李律向吕力学栽梨。吕力和李律,互相来学习。

i—ü 辨音字表

	i	ü
j	①跻机饥肌讥叽积击基激鸡缉畸畸稽②籍急疾嫉吉集及级极即棘辑瘠脊③挤济给几己④忌记纪伎季寂计继既寄祭济剂迹际绩	①鞠拘居②局菊橘③举沮咀矩④巨距据锯剧具聚惧飓句
q	①期欺栖凄蹊漆七柒沏②其奇棋旗骑崎歧齐脐祈③起岂企乞启④气汽弃契砌迄器	①趋区驱躯曲屈祛蛆②渠③曲取娶龋④趣去

100

第二章 方音辨正练习

续表

	i	ü
x	①西牺吸希稀夕硒奚溪膝犀悉蟋锡昔惜析嬉息熄②席习檄袭媳③喜洗铣④系戏细	①需虚须②徐③许④畜蓄叙序絮恤婿酗绪续
y	①壹一医衣依②移彝宜颐遗仪疑姨③乙已以倚椅④意癔臆义议毅亿忆艺呓译驿异益抑翼易亦屹逸肄谊疫役	①淤迂②于遇舆余鱼渔愉逾娱③雨予语羽宇与屿④预玉愈谕喻郁育遇寓浴欲裕御狱与豫尉驭

ie—üe 辨音字表

	ie	üe
j	①接揭皆阶街结②节结截劫洁杰竭捷睫拮桔③解姐④戒借介界疥届	①撅噘②决廖觉绝掘崛攫角爵③蹶④倔
q	①切②茄③且④窃妾怯惬	①缺②瘸④确雀鹊
x	①些歇②鞋协胁谐携邪斜③血写④泻卸械泄谢屑懈蟹亵	①削薛②学穴③雪④血
y	①掖掩噎耶椰②爷③野冶也④页业叶谒夜液腋	①曰约④越月乐阅悦岳粤跃

3. 分清宽窄复韵母

（他正）下楼——下流 （我去卖）小麦——小妹

喜酒——洗脚　来电——雷电　甩手——水手

考试——口试　消息——休息　分派——分配

方音矫正

埋头——眉头　拐卖——鬼魅　歪风——威风

开外——开胃　毛利——牟利　高洁——勾结

少数——手术　谣言——油盐　销路——修路

(1) ai 和 ei 的区分

bái fèi	bài běi	dài péi	bài lèi	hǎi lèi
白废	败北	代培	败类	海类

bēi āi	hēi bái	lèi tái	nèi hǎi	nèi zhài
悲哀	黑白	擂台	内海	内债

(2) ao 和 ou 的区分

bǎo shǒu	dāo kǒu	gǎo chóu	máo dòu	máo tóu
保守	刀口	稿酬	毛豆	矛头

chóu láo	dòu hào	lòu sháo	róu dào	shǒu tào
酬劳	逗号	漏勺	柔道	手套

(3) ia 和 ie 的区分

jiā yè	jiā jié	jiǎ jiè	jià jiē	jiē qià
家业	佳节	假借	嫁接	接洽

yě yā	jié xià	diē jià
野鸭	截下	跌价

(4) ua 和 uo、o 的区分

huā duǒ	huà shuō	huà bō	huà tuó	bó huà
花朵	话说	划拨	华佗	帛画

guó huà	huǒ huā	shuō huà
国画	火花	说话

(5) iao 和 iou 的区分

| jiāo liú | jiāo xiū | liào jiǔ | xiào yǒu | yāo qiú |
| 交流 | 娇羞 | 料酒 | 校友 | 要求 |

| diū diào | liǔ tiáo | niú jiǎo | xiù biāo | yóu tiáo |
| 丢掉 | 柳条 | 牛角 | 袖标 | 油条 |

(6) uai 和 uei 的区分

| guài zuì | kuài wèi | kuài zuǐ | shuāi tuì | wài huì |
| 怪罪 | 快慰 | 快嘴 | 衰退 | 外汇 |

| duì wài | guǐ guài | zhuī huái | huǐ huài |
| 对外 | 鬼怪 | 追怀 | 毁坏 |

(7) an 与 en 的区分

| fān shēn | ān fèn | shēn shān | shěn pàn | fán mèn |
| 翻身 | 安分 | 深山 | 审判 | 烦闷 |

| fēn dān | shēn zhǎn | fēn sàn | fàn rén | cán rěn |
| 分担 | 伸展 | 分散 | 犯人 | 残忍 |

| chuán wén | wěn luàn | lún chuán | wán hūn | cún kuǎn |
| 传闻 | 紊乱 | 轮船 | 完婚 | 存款 |

(8) ang 与 eng 的区分

| fēng làng | péng zhàng | cháng zhēng | háng chéng |
| 风浪 | 膨胀 | 长征 | 航程 |

| zhèng cháng | zhāng chéng | chāng shèng | shēng zhǎng |
| 正常 | 章程 | 昌盛 | 生长 |

(9) ian 与 in 的区分

| nián xīn | lín piàn | biàn pín | qín jiǎn | qián jìn |
| 年薪 | 鳞片 | 变频 | 勤俭 | 前进 |

方音矫正

mín jiān   xiān mín   xīn nián   jìn jiàn
民 间   先 民   新 年   觐 见

(10) iang 与 ing 的区分

liáng xìng   yǐng xiǎng   xiǎng yìng   qīng liáng
良 性   影 响   响 应   清 凉

xiáng qíng   míng liàng   jiàng lǐng   lǐng jiǎng
详 情   明 亮   将 领   领 奖

yíng yǎng   xiàng xíng
营 养   象 形

(11) üan 与 ün 的区分

jūn quán   xuàn yùn   jūn yuán   yuán xūn
军 权   眩 晕   军 援   元 勋

jūn quǎn   quán jūn
军 犬   全 军

字典公公家里的争吵

金逸铭

字典公公家里吵吵闹闹，
吵个不停的是标点符号。

看，它们的眼睛瞪得多大，
听，它们的嗓门提得多高。

感叹号挂着拐杖，小问号张大耳朵，
调皮的小逗号急得蹦蹦跳。

首先发言的是感叹号,
它的嗓门就像铜鼓敲:
"伙伴们,我的感情最强烈,
文章里谁也没有我重要!"

感叹号的话招来一阵嘲笑,
顶不服气的是小问号:
"哼,要是没有我来发问,
怎么能引起读者的思考?"

小逗号说话头头是道,
它和顿号一起反驳小问号:
"要是我们不把句子点开,
文章就会像一根长长的面条。"

学问深的要算省略号,
它的话总是那么深奥:
"要讲我的作用么……
哦,不说大家也知道。"

水平高的要数句号,
它总爱留在后面作总结报告:
"只有我才是文章的主角,
没有我,话就说得没完没了!"

方音矫正

大家争得不可开交,
字典公公把意见发表:
"孩子们,你们都很重要,
少一个,我们的文章就不会这样美妙。

"滴水汇成了大江,
碎石堆成了海岛,
大家不要把个人作用片面强调,
任何时候都不要骄傲!"

小朋友,你听了字典公公家里的争吵,
心里想的啥,能不能让我知道?

顺口溜

ou、iou

人无远虑,必有近忧	一争两丑,一让两有
种瓜得瓜,种豆得豆	人生一世,草本一秋
拳不离手,曲不离口	螳螂捕蝉,黄雀在后
天网恢恢,疏而不漏	成者为王,败者为寇
一日不见,如隔三秋	太公钓鱼,愿者上钩

三杯和万事,一醉解千愁
人往高处走,水往低处流
欲穷千里目,更上一层楼

内举不避亲,外举不避仇

在家靠父母,出门靠朋友

在人矮檐下,怎能不低头

明月松间照,清泉石上流

蝉噪林愈静,鸟鸣山更幽

月上柳梢头,人约黄昏后

虚心使人进步,骄傲使人落后

莫在人前夸海口,强中更有强中手

抽刀断水水更流,举杯消愁愁更愁

书山有路勤为径,学海无涯苦作舟

孤帆远影碧空尽,唯见长江天际流

为人性僻耽佳句,语不惊人死不休

度尽劫波兄弟在,相逢一笑泯(mǐn)恩仇

横眉冷对千夫指,俯首甘为孺子牛

小荷才露尖尖角,早有蜻蜓立上头

人见利而不见害,鱼见食而不见钩

儿孙自有儿孙福,莫为儿孙做马牛

学如逆水行舟,不进则退;心似平原跑马,易放难收

 方音矫正

沁园春　雪

毛泽东　一九三六年五月

北国风光,千里冰封,万里雪飘。

望长城内外,惟余莽莽;

大河上下,顿失滔滔。

山舞银蛇,原驰蜡象,欲与天公试比高。

须晴日,看红装素裹,分外妖娆。

江山如此多娇,引无数英雄竞折腰。

惜秦皇汉武,略输文采;

唐宗宋祖,稍逊风骚。

一代天骄,成吉思汗,只识弯弓射大雕。

俱往矣,数风流人物,还看今朝。

绕口令

(1)买白菜,搭海带,不买海带就别买大白菜。

　　买卖改,不搭卖,不买海带也能买到大白菜。

(2)大妹和小妹,一起去收麦。

　　大妹割大麦,小妹割小麦。

　　大妹帮小妹挑小麦,小妹帮大妹挑大麦。

　　大妹小妹收完麦,噼噼啪啪齐打麦。

(3)石榴树,结樱桃,杨柳树上结辣椒;吹着鼓,打着号,抬着大车拉着轿;木头沉水底,石头水上漂;小鸡叼了个饿老鹰,老鼠捉了个大花猫。从来不说颠倒话,口袋驮着毛驴跑。

(4)醉鬼魏老六,喝酒没个够,一杯又一杯,最后对瓶吹。喝完往家走,怀揣一瓶酒。歪歪扭扭走得快,一脚踹上个大石块。酒瓶没摔坏,脚崴架双拐。

4. 不要把 bo、po、mo、fo 读成 be、pe、me、fe

普通话中 b、p、m、f 只能和 o(实际是 uo)相拼,不能和 e 相拼(除"么"外)。o 发音时唇形是圆的,e 则稍展。

　　破格　墨盒　隔膜　薄荷　唱歌　传播　佛像

　　注:"玻、坡、摸、佛"的拼写形式 bo、po、mo、fo,是为了拼写简洁而省略了中间的过渡音 u。发音时不能漏掉 u,否则发出的就是方音。

5. 不要把 beng、peng、meng、feng 读成方音 bong、pong、mong、fong

　　风筝　重逢　蜂蜜　丰收　水泵　蹦跳　做梦

方音矫正

朦胧　懵懂　朋友　蓬勃　烹调　碰碰车
膨胀　绷带　甭说了　崩溃　迸发　捧场　顶棚
彭德怀　鲲鹏展翅　澎湃　抨击　帐篷　猛烈
蒙人　孟子　萌芽　盟友　柠檬　信封　相逢
门缝　枫叶　疯子　奉献　凤凰　锋芒毕露
烽火　峰会　蓬松　东风

6. 不要把 fei 读成 fi

普通话中是没有"fi"这个音的。
非常　飞机　减肥　学费　肺炎　废物　土匪
菲律宾　诽谤罪　咖啡　狒狒　杨贵妃　痱子粉

7. 不要掉了韵头

an—ian：半边　难免　漫天；典范　扁担　脸蛋子
an—uan：感官　辗转　战乱；短暂　宽泛　钻探
en—un：诊—准　陈—纯　甚—顺　森—孙
ang—iang：扛枪　航向　刚强；狼—良　囊—娘
ang—uang：钢—光　抗—框　航—黄　张—庄
ian—üan：演员　健全　线圈；怨言　捐献　劝勉

练习：注意读出韵头。
监管　聊天儿　凉快　鉴别　凋谢　交情　联欢

闲暇　玄妙　偏远　牵连　刁钻　坚强　谦逊
漂亮　便条儿　标签儿　乡下　勉强　天窗
圆圈儿　浅显　端庄　花卷儿　渺小　跳远
消遣　表面　腼腆　香蕉　相传　推荐　夜光表
活见鬼　金銮殿　情随事迁　心怀鬼胎
水中捞月　摸着石头过河
立秋的石榴——满脑袋点子

8. 儿化

儿化是在音节的末尾加上卷舌动作（儿化音后面的"er"不是音节，也不是音素，只是一个形容性符号），使音节韵母的发音发生变化，成为卷舌韵母。如：窟窿眼儿。

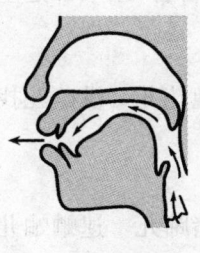 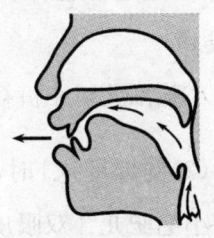

e 发音图　　　　　r 发音图

儿化的发音

音节儿化造成的发音变化有两种情况：一是韵母

不变,只是在后面加一个卷舌动作;二是韵母发生了变化,出现了增音或减音等现象。具体如下:

(1)韵母或尾音是 a、o、e、ê、u 时,后加卷舌(全卷舌到 er 或半卷舌)

粉末儿　　炕桌儿　　小家伙儿　钻被窝儿

棒小伙儿　唱歌儿　　贝壳儿　　自个儿

主角儿和配角儿　　　台阶儿

晕高儿　　病包儿　　泡病号儿　电灯泡儿

后脑勺儿　受气包儿　大傻帽儿　水果刀儿

小树苗儿

小狗儿　　老头儿　　耍猴儿　　派头儿　　小妞儿

小两口儿　顶牛儿　　小偷儿　　乒乓球儿

黑眼珠儿　杏核儿　　摆谱儿

(以上是普通话中 4 种半卷舌音,以下都是全卷舌 ar 或 er)

小脑瓜儿　小裤衩儿　玫瑰花儿　没碴儿找碴儿

(2)韵母是 ü、i 时,后加 er

小毛驴儿　双眼皮儿　啃猪蹄儿　逮蛐蛐儿

亲侄女儿　小玩意儿　穿针鼻儿

(3)韵母是－i 时,丢－i,加 er

败家子儿　编戏词儿　黄瓜丝儿　捣蒜汁儿

(4)尾音是 n、i 时,丢 n 或 i,全卷舌

露馅儿　对眼儿　盖盖儿　光杆儿　中间儿

当中间儿　影片儿　相片儿　画片儿　唱片儿

缺心眼儿　肚脐眼儿　香味儿　猜谜儿

破谜儿　窍门儿　爷们儿　抠门儿　桑葚儿

(5)韵母是 ui、un、ün、in 时,丢 i 或 n,加 er

一对儿　小胖墩儿　打滚儿　亲嘴儿　三轮儿

麦穗儿　合群儿　跑腿儿　小树林儿　打盹儿

抽筋儿　没准儿　打光棍儿

(6)尾音是 ng 时,丢 ng,全卷舌,元音鼻化

帮忙儿　蛋黄儿　娘儿俩　看电影儿

小水坑儿　板上钉钉儿　黑脖颈儿　没空儿

小名儿　跟屁虫儿

儿化的作用

(1)儿化在有些词里有区别词性和词义的作用。如:

破烂(形容词)——破烂儿(名词)

零碎(形容词)——零碎儿(名词)

刺(动词)——刺儿(名词)

亮(形容词、动词)——亮儿(名词)

 方音矫正

头(脑袋)——头儿(领头人)

白面(小麦面粉)——白面儿(作为毒品的海洛因)

心肝(良心;正义感)——心肝儿(称最亲热最心爱的人)

(2)表示细小轻微或藐视

小心眼儿　木棍儿　胡同儿　芝麻官儿　药丸儿
手术刀儿　纸条儿　小偷儿　三十来斤儿

(3)表示喜爱、亲切的感情色彩

金鱼儿　宝贝儿　油画儿　鲜花儿　凑趣儿
加油儿　电影儿

该不该读儿化的三种情况

(1)有"儿"儿化:词尾"儿"要读儿化的

驴打滚儿　一块儿　份儿饭　聊天儿　猪倌儿
转圈儿　挑刺儿　一会儿

(2)有"儿"不"化":词尾"儿"不读轻声的(多在诗词、儿歌、歌词、散文等抒情性的语言中。注意:在此"儿"读轻声,不读阳平)。如:

心儿　风儿　云儿　花儿红,鸟儿叫

弯弯的月儿小小的船,小小的船儿两头儿尖。

你的脸儿红又圆哪,好像那苹果到秋天。

第二章 方音辨正练习

我要把最美的歌儿献给你,我的母亲,我的祖国。

(3)无"儿"儿化:词尾没有"儿"字,也要读儿化的(若不儿化,就听着别扭,不像普通话)。如＊前的字应读儿化:

小人＊书　老头＊　　模特＊　　小孩＊
玩＊命　　贪玩＊　　黄花＊鱼　纳闷＊
份＊饭　　冰棍＊　　人缘＊　　顺杆＊爬
没味＊　　饭馆＊　　玩意＊　　黄牌＊警告
名牌＊　　小白脸＊　大婶＊　　伙伴＊
鸭＊梨　　玩＊完　　娘＊俩　　刘海＊
兔＊爷　　大伙(大家)＊　　　 嗓门＊
脸蛋＊　　老两口＊　打光棍＊

常用必读儿化词

光杆儿　　冰棍儿　　光棍儿　　老头儿　　老伴儿
小两口儿　爷们儿　　哥们儿　　娘们儿　　娘儿俩
大婶儿　　应名儿　　大伙儿　　小孩儿　　小名儿
心肝儿　　胖墩儿　　块头儿　　亲侄儿
黄毛儿丫头　　　　　小白脸儿　　　　　　棒小伙儿
小人儿书　败家子儿　　　　　　小偷儿　　对眼儿
齉鼻儿　　豁嘴儿　　小低个儿　　　　　　傻帽儿
白眼儿狼　腰板儿　　羊倌儿　　大腕儿　　主角儿

方音矫正

小曲儿	单弦儿	嗓门儿	快板儿	模特儿
冒牌儿货	门鼻儿	门墩儿	门槛儿	对门儿
大杂院儿	茶馆儿	盖盖儿	份儿饭	面条儿
春卷儿	馅儿饼	豆腐干儿		蒜瓣儿
杂拌儿	爆肚儿	老白干儿		豆汁儿
杏仁儿	梨核儿	瓜子儿	麻花儿	饱嗝儿
脑瓜儿	耳垂儿	刘海儿	小辫儿	脸蛋儿
脸盘儿	酒窝儿	眼泡儿	眼圈儿	下巴颏儿
奶嘴儿	手腕儿	指甲盖儿		指头肚儿
肚脐眼儿	拉链儿	坎肩儿	心坎儿	铺盖卷儿
网兜儿	高跟儿鞋		鞋带儿	被窝儿
裤衩儿	围脖儿	围嘴儿	针鼻儿	牙签儿
中间儿	火星儿	烟卷儿	圆圈儿	玩意儿
八哥儿	蛐蛐儿	白班儿	奔头儿	老本儿
泥人儿	白面儿(海洛因)		枪子儿	巧劲儿
窍门儿	人缘儿	扇面儿	头头儿	火罐儿
砂轮儿	三轮儿	滑竿儿	开春儿	粉末儿
芝麻官儿	病包儿	派头儿	桑葚儿	暗号儿
白卷儿	秤星儿	春联儿	刀片儿	刀尖儿
刀刃儿	独眼儿龙		干劲儿	话茬儿
节骨眼儿	金刚钻儿		金丝猴儿	

第二章 方音辨正练习

坎儿井　　沙瓤儿　　橡皮筋儿　　小不点儿
滋味儿　　杠杆儿　　个头儿　　公子哥儿
瓜子儿脸　拐棍儿　　官衔儿　　鬼脸儿　　花瓣儿
花露水儿　香水儿　　汽水儿　　墨水儿　　快门儿
零碎儿　　六指儿　　罗锅儿　　屁股蹲儿
片儿汤　　油门儿　　找茬儿　　照面儿　　包干儿
包圆儿　　差点儿　　聊天儿　　纳闷儿　　闹着玩儿
打滚儿　　亲嘴儿　　出圈儿　　让座儿　　挨个儿
加塞儿　　拔尖儿　　摆摊儿　　泡病号儿
串门儿　　搭茬儿　　打盹儿　　打鸣儿　　够本儿
开刃儿　　愣神儿　　抓阄儿　　跑腿儿　　送信儿
没准儿　　较真儿　　有门儿　　走神儿　　串味儿
在哪儿　　来这儿　　耍笔杆儿　冒尖儿
露馅儿　　垫底儿　　拐弯儿　　没词儿　　挑刺儿
抽筋儿　　摆谱儿　　双眼皮儿　记事儿
小心眼儿　抠门儿　　转圈儿　　玩儿命　　玩儿完
贪玩儿　　好玩儿　　耍猴儿　　顺杆儿爬
黄牌儿警告　凑趣儿　　压根儿　　沾边儿
猜谜儿　　逗乐儿　　发火儿　　翻白眼儿
赶趟儿　　拐弯儿抹角　　没好气儿
慌神儿　　听信儿　　接茬儿　　解闷儿　　吭气儿

方音矫正

抠字眼儿　露面儿　照面儿　靠边儿站
摸黑儿　钻牛角尖儿　　吃枪子儿
入门儿　撒欢儿　吃现成儿　出远门儿
好好儿　早早儿　一个劲儿　叫座儿
邪门儿　一块儿　一点儿　　一对儿
对半儿

绕口令

(1) 进了门儿，倒杯水儿，喝了两口运运气儿。顺手拿起小唱本儿，唱一曲儿，又一曲儿，练完了嗓子我练嘴皮儿。绕口令儿，练字音儿，还有单弦儿牌子曲儿，小快板儿，大鼓词儿，越说越唱我越带劲儿。

(2) 你别看就那么两间小门脸儿，你别看屋子不大点儿，你别看设备不起眼儿，售货员儿为顾客服务的思想贴心坎儿。有火柴，有烟卷儿，有背心儿，有裤衩儿，有手电蜡烛盘子碗儿，有刀子勺子小饭碗儿。这起个早儿，贪个晚儿，买什么都在家跟前儿。

9. 单元音韵母的发音保持

i、-i(前)、-i(后)、u、ü 做单元音韵母时，要自始至终保持单一的音色,不能到最后时因发音状态松弛或变化而走音。

zhi—zhe:知羞——遮羞　直人——哲人

　　　　制糖——蔗糖

chi—che:痴迷——车迷　侈谈——扯淡

　　　　赤道——车道

shi—she:施主——赊主　石头——舌头

　　　　使命——舍命

ri—re:日历——热力　　zi—ze:自生——仄声

ci—ce:刺字——测字　　si—se:四则——色泽

i:嫡系　裨益　栖息　希冀　蜥蜴　匹敌　笔迹

u:肃穆　侮辱　突兀　虎符　富庶

ü:语句　屈居　须臾　豫剧

三、声调方音辨正

1. 声调与变调的发音

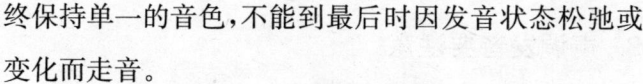

机关枪　耶稣基督　人民银行　牛魔王

奥运会　圣诞树　米老鼠

方音矫正

2. 声调发音要注意

读阴平要保持调值的高平。如,三将军张飞。

读阳平注意不要拖长出现明显曲折,要直接上扬,并且扬到最高为止。如,人民银行。

读上声要降到底,然后自然上扬到4度,可用画对号而非弧线的方法来帮助发音。如,铅笔。

读去声开头调值是最高的5度,迅速降到最低。如,澳大利亚。

3. 读准声调的技巧

(1)读对阴平:前为阳平——阳光　黄山　除夕　节约　熊猫　时间

(2)读对阳平,前为半上或去声——腊梅　沸腾　练习　热情　蠢驴　海洋　选择　狗熊

(3)读对去声,前为阴平或阳平——合适　格式　融洽　肥沃　高兴　鸦片　波浪　鲜艳

4. 声调词语对比练习

发钱——罚钱　怪癖——乖僻　土地——徒弟

隔壁——戈壁　赎罪——恕罪　求知——求职

字母——字模　松鼠——松树　剪裁——剪彩
警告——敬告　找事——肇事　乘法——惩罚
天才——甜菜　牙关——雅观　展示——战时
欢喜——换洗　气球——祈求　连接——廉洁
何以——和议　场次——唱词　火花——活化
分离——奋力　滴水——地税　滑雪——化学
初期——出奇　奖励——讲理　渐进——监禁
讲价——降价　稳定——问鼎　昌盛——长生
金鱼——禁欲　方向——芳香　香蕉——橡胶
木料——幕僚　点心——电信　项链——相连
暑假——书架　性命——姓名　个性——歌星
文艺——瘟疫　分洪——粉红　修理——秀丽
倾注——庆祝　血洗——学习　灰心——回信
小雨——小鱼

鼓励——孤立——故里　胜利——生理——省力
唤醒——环行——缓刑　旗帜——气质——岂止
前线——浅显——前贤　义务——贻误——遗物
林立——淋漓——邻里　主力——助理——伫立
两厢——粮饷——亮相　情形——清醒——庆幸
山系——陕西——山西　注意——逐一——主意
雹子——包子——豹子

方音矫正

吃了一顿饭——吃了一吨饭

(我俩是)孪生(的)——卵生(的)

(你太)客气(了)——可气

(这是我的)兄长——熊掌

罚款(100元)——发款

(我是)山西(人)——陕西

检举——艰巨——间距——荐举

事物——十五——失误——时务

鄙夷——鼻翼——裨益——笔译

编制——贬值——编织——变质

绅士——申时——审视——身世

奇遇——其余——旗语——器宇

便捷——边界——辩解——变节

理解——礼节——历届——力戒

致意——之一——直译——置疑——旨意

经济——荆棘——竞技——惊悸——京畿

支书——直属——指数——智术——植树

机遇——给予——基于——鲫鱼——寄寓——觊觎

一直——一致——以至——意志——医治——遗址——移植

事实——逝世——适时——失实——史诗——诗史——誓师——时事——师事——失势——施事——时势——史实——矢石——世事

5. 上声变调

规律：上连上，变直上；上连非上，变半上。

╱∨ ∟→ ∟╱ ∟╲ ∟○
美好　美观　美元　美丽　美的

→╱∟╲　→╱∟╲
妖魔鬼怪　飞禽走兽

╲╱∨　╱→╲∨
卧薪尝胆　龙飞凤舞

∟→∟╱∨∟╲○→∨
每天采来五朵美丽的花蕾。

你/给我打/洗脚/水。

6. "一、不"变调

规律："一、不"去前变阳平，非去声前读去声。

╲→╲∨　╲╱╱
一丝不苟　一蹶不振

╲╱╱→　╲→╱
不闻不问　不骄不躁

方音矫正

一心一意　一笔一画

7. 阴平、去声对比成语练习

1—1—4—4

唉声叹气　安居乐业　安身立命　标新立异
当机立断　低三下四　丢三落四　多多益善
方兴未艾　风声鹤唳　根深蒂固　哼哈二将
花花世界　兼收并蓄　惊涛骇浪　精雕细镂
开天辟地　披星戴月　深更半夜　天崩地裂
天高地厚　天昏地暗　天经地义　推心置腹
乌烟瘴气　虾兵蟹将　心花怒放　心慌意乱
心惊肉跳　兴风作浪　沾亲带故　朝三暮四

1—4—4—1

安步当车　呆若木鸡　甘拜下风　尸位素餐
鸦片战争

4—1—1—4

乐天知命　见微知著　立锥之地　气冲霄汉
切肤之痛　正襟危坐

1—4—1—4

发号施令　刮目相看　夸父追日　身外之物
心腹之患

4—1—4—1

不哼不哈　却之不恭　作奸犯科

4—4—1—1

半壁江山　半路出家　半夜三更　遍地开花
病入膏肓　触目惊心　大动干戈　见缝插针
见异思迁　利欲熏心　漫不经心　怒发冲冠
气势汹汹　日上三竿　入木三分　弱不禁风
善罢甘休　事必躬亲　四大皆空　性命交关
万众一心　叶落归根　意气风发　郁郁葱葱
战战兢兢　自力更生　坐地分赃

8. 绕口令

(1) 妈妈骑马，马慢妈妈骂马，
　　妞妞扭牛，牛拗妞妞拧牛，
　　姥姥喝酪，酪落姥姥捞酪，
　　舅舅驾鸠，鸠飞舅舅揪鸠。

方音矫正

(2) 小猫毛长,大猫毛短,
大猫毛比小猫毛短,小猫毛比大猫毛长。

(3) 牛牛要吃河边柳,妞妞赶牛牛不走,妞妞护柳扭牛头,牛牛扭头瞅妞妞,妞妞扭牛牛更拗,牛牛要顶小妞妞,妞妞捡起小石头,吓得牛牛扭头走。

(4) 一葫芦酒九两六,一葫芦油六两九。六两九的油要换九两六的酒,九两六的酒不换六两九的油。

(5) 山前有个严圆眼,山后有个严眼圆,二人山前来比眼,不知是严圆眼比严眼圆的眼圆,还是严眼圆比严圆眼的眼圆。

9. 轻声

在词语或句子中,有的音节不读成四声中的一种,而读成一种轻、短、模糊的调子,这就是轻声。如:我们走吧。这是基于人类发音自然、省力的本能。

轻声的发音特点

一是轻。

二是短,感觉刚发出来就没了。即它的音高是一个点,而不是像四声那样音高变化是一条线。其音高,上声后为4度,但若轻声字后还紧跟着非上声字,则轻声音高一般为1度;阳平后为3度,阴平后为2度,去声后为1度。

三是模糊,甚至使声母和韵母发生变化乃至脱落,如"豆腐"的"fu"中,"u"有时就脱落了;如果发音像四声那样清晰,就听着不自然,不像普通话。

发音时前头的字音要重而长,自然地带出后面的轻声音节。

阴一轻:妈妈　结巴　飞了　趴下去了吧

阳一轻:爷爷　篱笆　来了　爬起来了吗

上一轻:奶奶　哑巴　跑了　滚出去

去一轻:爸爸　下巴　去了　睡过去了

轻声的作用

轻声对有些词有区别词义或词性的作用。如:

wài miàn　　　　wài mian
外　面——外表;外　面——外边。

xiōng dì　　　　xiōng di
兄　弟——兄和弟;兄　弟——弟弟。

dà yé　　　　　　　　　　　　　　　dà ye
大　爷——指不好劳动、傲慢任性的男子;大爷——①伯父,②尊称年长的男子。

方音矫正

大人(dà rén)——敬辞,称长辈(多用于书信);大人(dà ren)——①成人(区别于"小孩儿"),②旧时称地位高的官长。

东西(dōng xī)——方向;东西(dōng xi)——事物。

老子(lǎo zǐ)——我国春秋时期的大思想家、道教教祖太上老君;老子(lǎo zi)——①父亲,②骄傲者自称。

对头(duì tóu)——正确(形容词);对头(duì tou)——①仇敌,②对手(为名词)。

地道(dì dào)——地下通道(名词);地道(dì dao)——好或真(形容词)。

哪些词语成分读轻声(按语法词类顺序排列)

古语词、新词语、科学术语中一般没有轻声,轻声多出现在老资格的、人们口头常用的词语中。在普通话中,下列词语成分一般读轻声。

(1)与名词有关的成分

①词后缀"子、儿、头、们、巴"。

狮子 豹子 虫子 日子 月子 胖子 瘦子

一伙子 一下子 药罐子 摔耙子 碎嘴子

绕脖子 捏着鼻子 吹胡子瞪眼 鬼点子

旱鸭子　命根子　狗腿子　半吊子　脸蛋子
老棺材瓢子　二愣子　二流子　月儿　心儿
脸儿　风儿　云儿　歌儿　船儿　鞋儿破,帽儿破
死丫头　馒头　舌头　念头　贱骨头　看头儿
准头儿　甜头儿　奔头儿　我们　他们
人们　同志们　乡亲们　小的们　姑娘们
小伙子们　爷们儿　娘们儿　哥们儿
姐们儿　结巴　干巴　嘴巴　尾巴

②名词后表示方位的一部分单音节语素。

头上　脸上　手上　身上　会上
书上　课堂上　报纸上　思想上　组织上
事实上　实际上　世界上　天上　地上
乡下　底下　家里　屋里　里边
外边　前边　后边　左边　东边
上头　下头

③单字重叠的第二个字。

叔叔　婶婶　伯伯　王母娘娘　姑姑　舅舅
姥姥　哥哥　姐姐　弟弟　妹妹　娃娃　星星
大猩猩　姗姗（人名）　蝈蝈儿　蛐蛐儿

方音矫正

(2) 与动词有关的成分

①单音节重叠的第二个音节。

听听　说说　读读　写写　背背　试试
玩玩　打打

②动词、形容词后边的趋向动词。

捎上　撂下　过来　玩儿去　吊起来
蹬出去　暗下来　爬出去　搬上去　落下去

③不强调的动词补语"住"。

站住　抓住它　记住　捉住　问住了　愣住了

(3) 与形容词有关的成分

口语化的 AABB 式重叠形容词的第二个音节。

稳稳当当　痛痛快快　冒冒失失　凉凉快快
凑凑合合　含含糊糊　和和气气　糊糊涂涂
晃晃悠悠　结结巴巴　大大咧咧　软软和和
结结实实

(4) 重叠动词中间的"一"

摸一摸　尝一尝　想一想　做一做　笑一笑

(5) 量词"个"

几个　八个　哪个　那个　这个　见个面儿

说个话儿　喝个痛快　笑个不停

也就差个两三岁　让我一次看个够

(6)与代词有关的成分

①有些作宾语的人称代词(除作重音外)。

请你　揍他　逮我们　叫她们

②有些代词词缀。

你们　咱们　什么　怎么　多么　这么　那么

怎么着　这么着　那么着　哪里　这里　那里

(7)副词：词语中间的"不"

冷不冷　酸不酸　打不开　好不好　吃不消

像不像　对不起　怕不怕　差不多　去不去

了不起

(8)结构助词"的、地、得"，时态助词"着、了、过"，语气助词"吧、吗、呢、啊、啦、嘛"

吃的喝的　狠狠地打　拿得起放得下　走着

得了　去过　好吧　对吗　笔呢　真行啊

有话就说嘛　下雨啦

(9)四字格拟声词的第二个音节

叽叽喳喳　叽叽嘎嘎　叽里咕噜　叽里呱啦

方音矫正

丁零当啷　噼里啪啦　稀里哗啦

另外，还有不少口语中常用的双音节词的后个音节，习惯上读轻声。南方方言区很少甚至没有轻声，北方方言区的轻声与普通话也不尽相同，所以这些地方的朋友们要记住下面常用的不规则轻声词。

普通话常用不规则必读轻声词(415个)

太阳	月亮	云彩	露水			
时辰	时候	火候儿	功夫	早上	早晨	
晌午	晚上					
狐狸	王八	畜生	牲口	骆驼	苍蝇	跳蚤
刺猬	蛤蟆	蚂蚱	虾米	鹌鹑	尾巴	
牡丹	芍药	薄荷	莲蓬			
庄家	庄稼	收成	粮食	高粱	棉花	芝麻
萝卜	蔓菁	芫荽	黄瓜	蘑菇	豆腐	石榴
核桃	樱桃	葡萄	甘蔗	烧饼	馄饨	点心
月饼	力量					
铺盖	包袱	行头	斗篷	衣服	衣裳	口袋
补丁	窟窿					

第二章 方音辨正练习

窗户　玻璃　抽屉　砚台　算盘　烟筒　柴火
扫帚　笤帚　灯笼　糨糊　钥匙　簸箕　栅栏
篱笆　笊篱　牌楼　帐篷　招牌　字号　风筝
东西　家伙　棒槌　扁担　轱辘　喇叭　胡琴
相声　故事　秧歌

耷拉脑袋　脑筋　头发　耳朵　眉毛　眨巴眼睛
嘴巴　喷嚏　嚏喷　唾沫　舌头　下巴
晃悠胳膊　胳臂　胳肢窝　巴掌　指甲　脊梁
屁股　疙瘩　骨头　收拾行李　嫁妆　首饰
戒指　胭脂

称呼　大人　王爷　灶王爷　老佛爷　祖宗
大爷　少爷　父亲　母亲　亲家　娘家
叔伯兄弟　弟兄　先生　丈夫　老婆（妻子）
爱人　夫人　老丈人　傻女婿　外甥　寡妇
丫鬟　姑娘　闺女　媳妇　妯娌　姐夫　伙计
师傅　徒弟　人家　东家　财主　帮手　奴才
皇上　街坊　媒人　秀才　状元　行当　差事
阎王　夜叉　裁缝　书记　干事　大夫　护士
木匠　特务　学生　道士　和尚　喇嘛　神甫

拨弄　搅和　折腾　闹腾　欺负　糟蹋　拾掇

方音矫正

打点　巴结　结巴　支吾　伺候
运动（奔走钻营）　张罗　忙活　答应　言语
打扮　喜欢　佩服　打发　打算　商量　盘算
算计　思量　寻思　琢磨　打量　眯缝　挑剔
笑话　难为　养活　使唤　叫唤　打听消息
认识　见识　知道　提防　对付　应付　招呼
动弹　休息　耽搁　耽误　咳嗽　打呼噜
侧歪　侧棱　支棱　叫唤　吆喝　吓唬　嘟囔
叽咕　告诉　念叨　絮叨　啰唆　哆嗦　挖苦
溜达　转悠　连累　不在乎　比方　包涵
凑合　将就　抓挠　疤瘌　撙掇　趿拉
抬举　约莫　咂摸　晃荡

正经　地道（纯粹、真正）　规矩　厚道　厚实
踏实　老实　实在　扎实　严实　结实　皮实
冒失　快活　窝憋　窝囊　舒服　舒坦　别扭
自在　消停　爽快　凉快　痛快　暖和　软和
红火　热闹　亮堂　知道　清楚　明白　糊涂
模糊　黏糊　含糊　迷糊　马虎　困难　冤枉
委屈　妥当　稳当　悬乎　疏忽　稀罕　世故
活泼　机灵　聪明　利落　利索　毛糙　勤快
麻利　麻烦　顺当　顺溜　精神　光溜　漂亮

苗条　秀气　少相　壮实　富态　阔气　大方
小气　寒碜　牙碜　便宜　厉害　客气　和气
热乎　新鲜　稀罕　腻味　腌臜　邋遢　德行
囫囵　花哨

岁数　寿星老儿　衙门　上司　官司　本事
能耐　学问　知识　见识　位置　用处　好处
事情　故事　脾气　记性　忘性　记号　交情
关系　亲戚　朋友　对头（仇敌、对手）　买卖
生意　价钱　哑巴　痢疾　疟疾　膏药　力气
地方（部位；区域；部分）　情形　架势　态度
合同　队伍　动静　部分　意思　意识　应酬
报酬　运气　福气　主意　门道　心思　念头
作坊　名字　名堂　怪物　妖精　苜蓿　泥巴
泥鳅　奴才　味道　哑巴　出息　消息　棺材
葫芦　价钱　佣钱　趔趄

10. **普通话中词语的轻重音格式**

(1) 绝大多数双音节词语——中·重：麻雀　伟大
　　王刚　指导　内容　分法

有些——重·最轻：脑袋　畜生　巴结　蛤蟆

其他——重·次轻：客人　风水　老鼠　分析　臭虫

(2) 大多数三音节词语——中·次轻·重：马大哈　新华社　说闲话　卫生部

(3) 大多数四音节词语——中·次轻·中·重：得意忘形　二氧化碳　海枯石烂

11. 入声

入声是古汉语的四声之一，以塞音收尾，读音短促，一发即收。入声也是平仄中的三个仄调之一。南方地区的吴语、粤语、赣语、闽语等方言还保留着入声，北方地区如河北省、山西省、内蒙古自治区等，也有许多地方还保存着入声。江淮官话、一部分西南官话地区也保留有入声。

普通话没有入声，古入声字分别读成了阴平、阳平、上声、去声。

常用入声字表

(1) 普通话读阴平字的

b　八捌钵拨剥逼鳖憋

p　泼劈撇瞥扑仆拍霹泊（湖～）

m　摸抹（～桌子）

第二章 方音辨正练习

f 发(～生)

d 答(～理)搭滴跌督掇咄

t 塌踏(～实)剔踢帖贴秃托脱突

n 捏

l 拉勒(～住)

c 擦撮(～合)

s 撒(～手)缩塞(堵～)

zh 只汁织扎(驻～)桌卓捉琢拙摘粥

ch 吃插出戳拆(～开)

sh 虱湿失杀刷说叔淑菽

j 激迹击积绩缉屐夹(～攻)揭结(～实)接噘撅 掬鞠

q 七柒漆戚沏掐切曲(～线)屈缺

x 吸悉蟋析息熄惜昔夕汐锡晰浙晰膝瞎歇楔戌 薛削

g 搁疙胳割鸽刮聒郭

k 磕搕哭窟

h 喝(～水)忽惚嗯豁黑

ø 一壹揖押鸭噎掖屋挖曰约压

(2)普通话读阳平字的

b 拔跋钹白舶帛伯泊(停～)箔勃渤脖鹁博薄厚

方音矫正

　　礴搏膊驳别螯醭

P　璞仆仆(～人)濮

m　膜没(～有)

f　乏伐筏阀罚佛弗拂伏茯袱服福幅蝠辐

d　答(问～)瘩沓达鞑妲靼得德笛迪狄荻敌嫡镝
　　翟涤籴的(～确)碟蝶喋牒迭叠独读犊椟渎毒
　　夺铎跺度(忖～)

z　杂砸则择泽责啧贼足卒族昨

s　俗

zh　直值植殖执职扎(挣～)铡闸宅折辙哲轵谪蛰
　　竹竺烛躅逐轴妯酌浊镯琢啄濯擢茁斫

ch　察

sh　十什拾石食蚀实识舌折(弄～)孰熟秫赎勺

j　及级汲岌亟极吉急即脊(～梁)瘠疾嫉蒺集籍
　　藉(狼～)辑楫棘夹～衣荚颊洁局拮诘劫桀杰
　　羯碣竭竭节捷婕睫截局菊橘决抉诀玦倔(～
　　强)掘崛厥蕨蹶(一～不振)獗橛谲觉爵嚼绝
　　矍攫

x　席媳习袭檄侠狭峡狎辖黠协勰胁撷穴学

g　格阁革隔国帼虢骨(～头)

k　咳壳

h 合盒阖劾核阂貉涸滑猾活

ø 额

(3)普通话读上声字的

b 笔卜百佰柏北

p 癖撇匹朴(～素)蹼

m 抹(～药)

f 发(理～)法

d 笃

t 塔獭铁贴帖庹

s 撒(～种)索

zh 嘱瞩眨窄

ch 尺

sh 蜀属

r 辱

j 戟给脊(屋～)甲岬胛蹶

q 乞曲(歌～)

x 雪血宿

g 骨(～骼)谷汩葛(姓～)

k 渴

ø 恶(～心)乙

方音矫正

(4) 普通话读去声字的

b　必毖辟壁璧毕筚骲碧别(～扭)不薄(～荷)

p　迫粕珀魄僻瀑曝

m　麦末抹(～石灰)沫茉秣莫寞漠默墨没(～落)脉殁陌泌秘蜜密谧觅幂汩灭蔑篾木沐幕目苜牧睦穆

f　复腹覆蝮服(一～药)缚

d　度踱的(目～)

t　踏(～步)挞榻遢踢挞特惕倜拓

n　纳衲讷呐匿溺逆睨聂蹑镊臬孽蘖喏喏诺搦虐疟

l　辣瘌蜡腊肋勒(～令)乐(快～)力立粒笠栗历沥雳枥砾郦列洌烈裂猎劣鹿漉麓辘绿录禄碌戮陆六洛络落酪烙骆珞律率略掠

z　仄作凿

c　侧测恻厕策册猝促蹴簇蹙

s　飒萨瑟塞啬穑涩色肃速嗽宿粟谡夙

zh　窒桎蛭郅秩炙质浙祝

ch　斥赤彻撤澈畜(～生)搐怵黜绌矗绰辍龊

sh　式拭室释适饰煞歃霎设慑摄涉述术束妁朔槊烁铄硕蟀

第二章 方音辨正练习

r 日热肉褥入若弱

j 鲫稷剧倔（～脾气）寂

q 迄泣恰洽怯契惬箧切（～记）窃妾却确榷壳阙
阕鹊雀

x 隙人泄燮亵屑恤畜～牧蓄旭续穴血

g 各

k 克客恪嗑酷誉阔括扩廓

h 赫郝喝（～采）鹤褐筋或惑获嚄霍藿壑

ø 恶（善～）萼愕鄂鳄噩厄扼遏亦奕易邑轶役疫
亿忆臆绎译驿益翼熠逸屹抑腋液揠叶页业谒
烨兀勿物沃握龌玉钰域蜮浴欲峪毓育郁煜狱
月刖悦阅钺樾乐（音～）药耀跃粤岳钥

方音矫正

第三章 综合练习

1. 普通话 400 基本音节组词典型练习
（每个音节基本只出现一次）

yǎn lèi　guó wáng　zǒng sī lìng　mù jiang
cè suǒ　cān tīng　sān lúnr　zhàn dòu jī
yá shuā　hú zi　tǔ fěi　bān zhǎng　liè shǒu
pò bīng chuán　zhà dàn　yǔ yī　xiān sheng
shǎ guā　kē xué jiā　bō li　qiān bǐ
zhào piàn　lǎo shī　xǐ liǎn pén　shū bāo
qiú xié　rè shuǐ píng　xiǎo péng yǒu
diàn huà　kǒu qín　miàn tiáo　xiàng rì kuí
lóng xiā táng　gē qǔ　shào nián
sūn zhōng shān　pái duì　hēi àn　lǎ ba
hún tun　zhī ma　zhēng yuè　cháng chéng

第三章 综合练习

hǎi jūn　shuǎng kuài　bèn zuǐ　zhuō shé

chū bìn　huǒ chái　gān zhe　yáng gāo

xīng qī liù　gōng yuán　bāi kai　fà qiǎ

dài bǔ　zhū ròu　pí jiǔ　wú tóng　tiān'é

zǎo chén　chá bēi　mó fāng　rén mín

bàng chui　niú nǎi　méi gui　mì fēng

shuāi jiāo　mán tou　fú róng　suí biàn

gū duor　xīn zàng　guān mén　huí lai

bèng da　yín háng　pā xia　biǎo qíng

pèi tào　zán liǎ　dū nang　dǎo luàn　huān lè

rù shén　diē niáng　zūn mìng　ái zòu

héng piě　céng cì　chuāng shāng　diū chǒu

xiū sè　chóng jìng　bié zhēn　sā niào　lóu tī

néng gòu　nín de　kū qióng　miáo zhǔn

ní hóng dēng　gǎi cuò　tiě kuàng　ràng zuò

kàn jian　liáng fěn　cǎo méi　ruì xuě

fó xiàng　tuó niǎo　tuī chí　luó hàn

zhuā nao　ā za　sāng yè　sōng jìn　lú wěi

pǔ sù　dīng níng　suān ruǎn　sēn lín　lǜ'ǎo

huáng hòu　qiāng jué　cūn zhuāng　nuò ruò

sài pǎo　kuā yào　dōng nán　ǒu tù

方音矫正

huáng hé　zēng hèn　sào zhou　guāng gùnr
kōng tán　lěng què　huài dàn　tái fēng
bào ēn　zé rèn　nǚ'ér　diāo zuān
jiǒng jiǒng yǒu shén　rán shāo dàn
duǎn qiāng　wā yǒng　wò chē　cōng máng
yún cai　piāo dàng　lián yī qún　zuò mèng
yú wēng　chǔ xù suǒ　pīn còu　yīn móu
qīn lüè　niè zi　gāng kuī　nèi wài　jiě pōu
mài làng　zhuān xīn　wēn quán　xiāo miè
zú qiú　wán kàng　pán chan　sōu xún　qì dí
chǎo jià　wēn nuǎn　pàng dūnr　cā zhuō zi
fān qié　kuò chuò　rēng gěi　yāo guài
miù wù　zāi shù　nèn lǜ　shù gēn　nóng mín
nú lì　zhái cài　táng sēng　há ma　kēng qìr
juān kuǎn　zhuī jī　mài guó zéi　shuō shū
shuǐ tǎ　zěn me　tè wu　shǔn xī　né zha
chuǎi mó　cuī cù　kěn dìng　fǒu dìng
chūn gēng　huá qiáo　téng yún jià wù
nǐ zhuài shéi　gā zhi wō　kǎo yā
shuàn yáng ròu　táo cuàn　rǎo luàn　dú shé
tuán zhǎng　kǔn bǎng　liáo cǎo　lán sè

第三章 综合练习

děi kuī　zhuō ná　kǎ piàn　cēn cī bù qí

zī rùn　shāi zi　cāng cuì　nüè dài

以上纯拼音用于认读以矫正发音,以下汉字用于练习拼写或全拼打字。

眼泪　国王　总司令　木匠　厕所　餐厅

三轮儿　战斗机　牙刷　胡子　土匪　班长

猎手　破冰船　炸弹　雨衣　先生　傻瓜

科学家　玻璃　铅笔　照片　老师　洗脸盆

书包　球鞋　热水瓶　小朋友　电话　口琴

面条　向日葵　龙虾糖　歌曲　少年　孙中山

排队　黑暗　喇叭　馄饨　芝麻　正月　长城

海军　爽快　笨嘴拙舌　出殡　火柴　甘蔗

羊羔　星期六　公园　掰开　发卡　逮捕　猪肉

啤酒　梧桐　天鹅　早晨　茶杯　魔方　人民

棒槌　牛奶　玫瑰　蜜蜂　摔跤　馒头　芙蓉

随便　骨朵儿　心脏　关门　回来　蹦跶

银行　趴下　表情　配套　咱俩　嘟囔　捣乱

欢乐　入神　爹娘　遵命　挨揍　横撇　层次

创伤　丢丑　羞涩　崇敬　别针　撒尿　楼梯

能够　您的　哭穷　瞄准　霓虹灯　改错

铁矿　让座　看见　凉粉　草莓　瑞雪　佛像

方音矫正

鸵鸟　推迟　罗汉　抓挠　腌臜　桑叶　松劲
芦苇　朴素　叮咛　酸软　森林　绿袄　皇后
枪决　村庄　懦弱　赛跑　夸耀　东南　呕吐
黄河　憎恨　扫帚　光棍儿　空谈　冷却
坏蛋　台风　报恩　责任　女儿　刁钻
炯炯有神　燃烧弹　短枪　蛙泳　卧车　匆忙
云彩　飘荡　连衣裙　做梦　渔翁　储蓄所
拼凑　阴谋　侵略　镊子　钢盔　内外　解剖
麦浪　专心　温泉　消灭　足球　顽抗　盘缠
搜寻　汽笛　吵架　温暖　胖墩儿　擦桌子
番茄　阔绰　扔给　妖怪　谬误　栽树　嫩绿
树根　农民　奴隶　择菜　唐僧　蛤蟆　吭气儿
捐款　追击　卖国贼　说书　水塔　怎么　特务
吮吸　哪吒　揣摩　催促　肯定　否定　春耕
华侨　腾云驾雾　你拽谁　胳肢窝　烤鸭
涮羊肉　逃窜　扰乱　毒蛇　团长　捆绑　潦草
蓝色　得亏　捉拿　卡片　参差不齐　滋润
筛子　苍翠　虐待

2. 常见古诗练习

(1)骆宾王《咏鹅》：鹅，鹅，鹅，曲项向天歌。白毛浮绿水,红掌拨清波。

(2)贺知章《咏柳》:碧玉妆成一树高,万条垂下绿丝绦。不知细叶谁裁出,二月春风似剪刀。[绦 tāo]

(3)王之涣《登鹳雀楼》:白日依山尽,黄河入海流。欲穷千里目,更上一层楼。[鹳 guàn]

(4)孟浩然《春晓》:春眠不觉晓,处处闻啼鸟。夜来风雨声,花落知多少?

(5)王昌龄《出塞》:秦时明月汉时关,万里长征人未还。但使龙城飞将在,不教胡马度阴山。

(6)王维《送元二使安西》:渭城朝雨浥轻尘,客舍青青柳色新。劝君更尽一杯酒,西出阳关无故人。[浥 yì]

(7)王维《九月九日忆山东兄弟》:独在异乡为异客,每逢佳节倍思亲。遥知兄弟登高处,遍插茱萸少一人。[茱萸 zhūyú]

(8)李白《静夜思》:床前明月光,疑是地上霜。举头望明月,低头思故乡。

(9)李白《望庐山瀑布》:日照香炉生紫烟,遥看瀑布挂前川。飞流直下三千尺,疑是银河落九天。

(10)李白《赠汪伦》:李白乘舟将欲行,忽闻岸上踏歌声。桃花潭水深千尺,不及汪伦送我情。

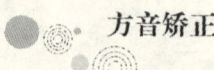
方音矫正

(11) 李白《黄鹤楼送孟浩然之广陵》：故人西辞黄鹤楼，烟花三月下扬州。孤帆远影碧空尽，唯见长江天际流。

(12) 李白《早发白帝城》：朝辞白帝彩云间，千里江陵一日还。两岸猿声啼不住，轻舟已过万重山。

(13) 高适《别董大》：千里黄云白日曛，北风吹雁雪纷纷。莫愁前路无知己，天下谁人不识君！[曛 xūn]

(14) 杜甫《春夜喜雨》：好雨知时节，当春乃发生。随风潜入夜，润物细无声。野径云俱黑，江船火独明。晓看红湿处，花重锦官城。

(15) 杜甫《绝句》：迟日江山丽，春风花草香。泥融飞燕子，沙暖睡鸳鸯。

(16) 柳宗元《江雪》：千山鸟飞绝，万径人踪灭。孤舟蓑笠翁，独钓寒江雪。

(17) 张继《枫桥夜泊》：月落乌啼霜满天，江枫渔火对愁眠。姑苏城外寒山寺，夜半钟声到客船。

(18) 白居易《赋得古原草送别》：离离原上草，一岁一枯荣。野火烧不尽，春风吹又生。远芳侵古道，晴翠接荒城。又送王孙去，萋萋满别情。[萋 qī]

(19) 白居易《忆江南》：江南好，风景旧曾谙。日

出江花红胜火,春来江水绿如蓝。能不忆江南?[谙 ān]

(20)白居易《悯农》(二):春种一粒粟,秋收万颗子。四海无闲田,农夫犹饿死。[粟 sù]

(21)杜牧《清明》:清明时节雨纷纷,路上行人欲断魂。借问酒家何处有,牧童遥指杏花村。

(22)杜牧《江南春》:千里莺啼绿映红,水村山郭酒旗风。南朝四百八十寺,多少楼台烟雨中。

(23)胡令能《小儿垂钓》:蓬头稚子学垂纶,侧坐莓苔草映身。路人借问遥招手,怕得鱼惊不应人。[稚 zhì]

(24)王安石《泊船瓜洲》:京口瓜洲一水间,钟山只隔数重山。春风又绿江南岸,明月何时照我还?

(25)苏轼《惠崇〈春江晚景〉》:竹外桃花三两枝,春江水暖鸭先知。蒌蒿满地芦芽短,正是河豚欲上时。[蒌蒿 lóu hāo]

(26)苏轼《题西林壁》:横看成岭侧成峰,远近高低各不同。不识庐山真面目,只缘身在此山中。

(27)李清照《夏日绝句》:生当作人杰,死亦为鬼雄。至今思项羽,不肯过江东。

(28)陆游《示儿》:死去元知万事空,但悲不见九

方音矫正

州同。王师北定中原日,家祭无忘告乃翁。

(29)杨万里《晓出净慈寺送林子方》:毕竟西湖六月中,风光不与四时同。接天莲叶无穷碧,映日荷花别样红。

(30)朱熹《春日》:胜日寻芳泗水滨,无边光景一时新。等闲识得东风面,万紫千红总是春。[泗 sì]

(31)叶绍翁《游园不值》:应怜屐齿印苍苔,小叩柴扉久不开。春色满园关不住,一枝红杏出墙来。[屐 jī]

(32)高鼎《村居》:草长莺飞二月天,拂堤杨柳醉春烟。儿童散学归来早,忙趁东风放纸鸢。[鸢 yuān]

(33)于谦《石灰吟》:千锤万击出深山,烈火焚烧若等闲。粉骨碎身全不怕,要留清白在人间。

(34)郑燮《竹石》:咬定青山不放松,立根原在破岩中。千磨万击还坚劲,任尔东西南北风。[燮 xiè,劲 jìng]

(35)邵雍《山村》:一去二三里,烟村四五家,亭台六七座,八九十枝花。

(36)高鼎《画》:远看山有色,近听水无声。春去花还在,人来鸟不惊。

(37)李白《夜宿山寺》:危楼高百尺,手可摘星辰。

不敢高声语,恐惊天上人。

(38)王安石《梅花》:墙角数枝梅,凌寒独自开。遥知不是雪,为有暗香来。

(39)杨万里《宿新市徐公店》:篱落疏疏一径深,树头花落未成阴。儿童急走追黄蝶,飞入菜花无处寻。

(40)陆凯《赠范晔》:折花逢驿使,寄与陇头人。江南无所有,聊寄一枝春。

(41)王维《鸟鸣涧》:人闲桂花落,夜静春山空。月出惊山鸟,时鸣春涧中。

(42)杜甫《前出塞》:挽弓当挽强,用箭当用长。射人先射马,擒贼先擒王。杀人亦有限,立国自有疆,苟能制侵凌,岂在多杀伤?

(43)刘长卿《逢雪宿芙蓉山主人》:日暮苍山远,天寒白屋贫。柴门闻犬吠,风雪夜归人。

(44)白居易《暮江吟》:一道残阳铺水中,半江瑟瑟半江红。可怜九月初三夜,露似珍珠月似弓。

(45)白居易《夜雪》:已讶衾枕冷,复见窗户明。夜深知雪重,时闻折竹声。

3. 容易读错的声母、韵母练习

n: 奶奶　南宁　年年　奶娘　泥泞　呢喃

方音矫正

	泥淖	袅娜	牛腩	妞妞	忸怩	农奴
	奶牛					
l：	力量	来历	来临	流露	劳力	历来
	玲珑	浏览	流浪	流利	轮流	磊落
	冷落	临了	伶俐	留恋	流量	伦理
	连累	凌乱	辘轳	林立	屡屡	淋漓
	利落	缭乱	拉链	拉拢	来路	褴褛
	姥姥	劳累	老脸	牢笼	老辣	劳碌
	勒令	历练	理疗	莅临	利率	嘹亮
	料理	凛冽	邻里	令郎	零乱	领略
h：	欢呼	和好	红花	缓和	荷花	黄海
	黄昏	含混				
j：	军舰	捷径	焦急	讲解	坚决	简介
	经纪	究竟				
q：	秋千	崎岖	弃权	铅球	亲戚	轻巧
	蜷曲	请求				
x：	习性	虚心	详细	新鲜	闲暇	行星
	休息	相信				
zh：	招展	庄重	制止	主张	转折	政治
	招致	壮志	郑重	蜘蛛	指针	
ch：	铲除	超产	穿插	船厂	车床	澄澈

出产　长处　初春　出处

sh：双手　砂石　审视　上山　少数　膳食

　　　闪烁　设施　守时　烧水

r：荏苒　柔韧　扰攘　冉冉　嚷嚷

a：发达　砝码　刹那　蛤蟆　哈达

　　喇叭　腊八

发音时要打开口腔,尤其是内部口腔

o(uo)：薄膜　磨破　泼墨　勃勃　婆婆　伯伯

　　　　默默　佛教　菠萝　破获　萝卜　磨墨

　　　　薄弱　活泼

b、p、m、f 后面的 o 其实是 uo,发音时可先发 bu pu mu fu,然后向 o 滑动。

uo：哆嗦　蹉跎　过错　懦弱　骆驼　啰唆

　　国货　堕落

e(开口度较小→较大)：客车　隔阂　特色

　　折合　苛刻　合辙　合格　色泽　特赦

　　割舍

i：厘米　毅力　地理　汽笛　激励　旖旎

　　利息　离奇

齐齿呼,展唇,要和撮口呼 ü 截然区分开。如:欷歔(xī xū)

方音矫正

ü(注意撮口度)：旅居　女婿　雨具　絮语
　　聚居　区域　序曲

-i(前)：赐死　自私　次子　恣肆　字词　此次
　　孜孜　子嗣

-i(前)的发音：发"丝"→停止，而发音状态不变→继续发音即是。

-i(后)：日食　支持　事实　制止　失事
　　知识　失职　值日

-i(后)的发音：发"湿"→停止，而发音状态不变→继续发音即是。

er：二十　偶尔　而且　婴儿　木耳　儿子
　　二百五　出尔反尔

注意把舌尖卷得将抵住上颚，不能再卷为止，且要有完整过程，不能一下子翘到终点。

ai：白菜　彩排　海带　开采　灾害　拆台
　　买卖　爱戴

开口度大小变化非常明显；开者稍闭，闭者稍开。

ei：飞贼　蓓蕾　北美　配备　肥美　北非
　　狒狒　非得

ei 中 e 基本是 ê

ao:毫毛　报告　号召　早操　糟糕　逃跑
　　吵闹　稻草
ou:欧洲　抖擞　丑陋　瘦肉　露头　绸缪
　　豆蔻　佝偻

开口度比较大,要和 u 截然区分;ou 中 o 是略带圆唇的夹 e。

iao:逍遥　吊桥　叫嚣　苗条　巧妙　萧条
　　缥缈　教条
iou:绣球　牛油　优秀　舅舅　悠久　求救
　　久留　久久
uai:外快　乖乖　摔坏　怀揣　外踝　拐卖
ui：荟萃　嘴碎　汇兑　追随　回归　水位
　　摧毁　溃退
ie：结业　贴切　歇业　趔趄　铁屑　乜斜
　　姐姐　谢谢

从 ü 到 ê 滑动,而不是跳动,最后口型比较小。

üe:血液　悦耳　雀跃　约略　掘穴　雪月
　　决绝　月缺

从 ü 到 ê 滑动,而不是跳动,最后口型比较小。

an:展览　坦然　散漫　勘探　反感　橄榄

方音矫正

汗衫　灿烂

发音方向是 en，最后舌尖抵住上牙龈。

en：深圳　振奋　沉闷　人参　门诊　根本
　　本分　愤懑

ang：螳螂　沧桑　商场　帮忙　长廊　纲常
　　盲肠　厂房

发音方向是 ng，最后舌根抵住软腭。

eng：风筝　逞能　吭声　冷风　奉承　更正
　　登程　丰盛

发 feng 时，要和方音 fong 截然分开。

ian：翩跹　变迁　电线　简便　前线　天仙
　　见面　腼腆

和 ie 截然区分开，开口度、归音不同；ian、üan 中 a 实际是 ê 而不是 a。

in：殷勤　贫民　金银　拼音　亲信　濒临
　　近邻

iang：湘江　踉跄　洋姜　响亮　洋相　良将
　　亮相　向阳

ing：姓名　清醒　英明　宁静　经营　清明
　　命令

uan：婉转　传唤　贯穿　酸软　专断　宦官
　　　专款　转换
uen：春笋　温存　馄饨　混沌　昆仑　论文
　　　困顿　温顺
uang：装潢　狂妄　状况　窗框　双簧　往往
　　　网状　碰撞
ong（基本是 ung，口形比较小）：从容　隆重
　　　共同　冲动　空洞　童工　总统　倥偬
ueng（口形小→大）：嗡嗡　水瓮　老翁　蓊郁
　　　渔翁　蕹菜　瓮中捉鳖
iong：熊熊　琼浆　雄壮　无穷　凶手　老兄

　　合口呼、撮口呼韵母音节的发音准备口形是 u、ü，然后以声母的发音部位发音。

üan：源泉　涓涓　全权　渊源　轩辕　圆圈
　　　源源　选择
ün：　军训　逡巡　均匀　芸芸　军运　驯兽
　　　羊群　晕水

4. 绕口令、快板

　　　　Bā bǎi biāo bīng bèn běi pō
（1）八 百 标 兵 奔 北 坡，

方音矫正

  pào bīng bìng pái běi bian pǎo
  炮 兵 并 排 北 边 跑。

  Pào bīng pà bǎ biāo bīng pèng
  炮 兵 怕 把 标 兵 碰,

  biāo bīng pà pèng pào bīng pào
  标 兵 怕 碰 炮 兵 炮。

    Sì shì sì shí shì shí shí sì shì shí sì
(2) 四 是 四, 十 是 十, 十 四 是 十 四,

  sì shí shì sì shí　Bú yào shí sì shuō shí shì
  四 十 是 四 十。不 要 十 四 说 "实事",

  yě bié sì shí shuō xì xí
  也 别 四 十 说 "细 席"。

  Yào xiǎng shuō duì sì shé tou pèng yá chǐ yào xiǎng shuō
  要 想 说 对 四,舌 头 碰 牙 齿;要 想 说

duì shí shé tou bié shēn zhí
对 十,舌 头 别 伸 直。

  Yào xiǎng liàn duì sì hé shí duō duō liàn xí shí hé sì
  要 想 练 对 四 和 十,多 多 练 习 十 和 四。

    Tiān shang kàn mǎn tiān xīng dì xia kàn yǒu ge
(3) 天 上 看, 满 天 星; 地 下 看, 有 个

 kēng kēng li kàn yǒu pán bīng
 坑; 坑 里 看, 有 盘 冰。

  Kēng wài zhǎng zhe yī lǎo sōng sōng shang luò zhe yī zhī
  坑 外 长 着 一 老 松,松 上 落 着 一 只

yīng sōng xià zuò zhe yī lǎo sēng sēng qián fàng zhe yī bù
鹰,松 下 坐 着 一 老 僧,僧 前 放 着 一 部

jīng jīng qián diǎn zhe yī zhǎn dēng qiáng shang dìng zhe yī
经,经 前 点 着 一 盏 灯,墙 上 钉 着 一

根钉，钉上挂着一张弓。

说刮风，就刮风，刮得男女老少难把眼睛睁。

刮散了天上的星，刮平了地上的坑，刮化了坑里的冰，刮倒了坑外的松，刮飞了松上的鹰，刮走了松下的僧，刮乱了僧前的经，刮灭了经前的灯，刮掉了墙上的钉，刮翻了钉上的弓。

这是一段星散、坑平、冰化、松倒、鹰飞、僧走、经乱、灯灭、钉掉、弓翻的绕口令。

(4) 东洞庭，西洞庭，洞庭山上一条藤，藤上藤下挂铜铃，风吹藤

方音矫正

dòng tóng líng dòng　fēng tíng téng tíng líng bù míng
动 铜 铃 动，风 停 藤 停 铃 不 鸣。

　　　　Liú xiǎo niū ài hài xiū　Liǎ xiǎo biànr　liǎng biānr
(5)刘 小 妞，爱 害 羞。俩 小 辫，两 边
dǒu niū niu dā dā wǎng qián zǒu　qù zhǎo liù shū hé liù jiù
抖，扭 扭 搭 搭 往 前 走，去 找 六 叔 和 六 舅。
Chū dōng mén　jìn dà lóu　jión le liù shū hé liù jiù jiào shēng
出 东 门，进 大 楼，见 了 六 叔 和 六 舅，叫 声
liù shū hé liù jiù　jiè wǒ liù dàn liù dǒu liù shēng liù gě hǎo
六 叔 和 六 舅，借 我 六 石 六 斗 六 升 六 合 好
lù dòu　Guò le qiū　dǎ le dòu　huán wǒ liù shū liù jiù liù
绿 豆。过 了 秋，打 了 豆，还 我 六 叔 六 舅 六
dàn liù dǒu liù shēng liù gě hǎo lù dòu
石 六 斗 六 升 六 合 好 绿 豆。

　　　　Fěn hóng qiáng shang huà fèng huáng
(6)粉 红 墙 上 画 凤 凰，
　　　　fèng huáng huà zài fěn hóng qiáng
　　凤 凰 画 在 粉 红 墙，
　　　　hóng fèng huáng　fěn fèng huáng
　　红 凤 凰，粉 凤 凰，
　　　　fěn hóng fèng huáng huā fèng huáng
　　粉 红 凤 凰 花 凤 凰。

　　　　Nǐ bié kàn jiù nè me liǎng jiān xiǎo mén liǎnr　　nǐ
(7)你 别 看 就 那 么 两 间 小 门 脸 儿，你
bié kàn wū zi bú dà diǎnr　nǐ bié kàn shè bèi bù qǐ yǎnr
别 看 屋 子 不 大 点 儿，你 别 看 设 备 不 起 眼
　　　shòu huò yuánr　wèi gù kè fú wù de sī xiǎng tiē xīn
儿，售 货 员 儿 为 顾 客 服 务 的 思 想 贴 心

坎儿。有火柴,有烟卷儿,有背心儿,有裤衩儿,有手电蜡烛盘子碗儿,有刀子勺子小饭碗儿。这起个早儿,贪个晚儿,买什么都在家跟前儿。

(8)石榴树,结樱桃,杨柳树上结辣椒;吹着鼓,打着号,抬着大车拉着轿;木头沉水底,石头水上漂;小鸡叼了个饿老鹰,老鼠捉了个大花猫。从来不说颠倒话,口袋驮着毛驴跑。

(9)九月九,九个酒迷喝醉酒。九个酒杯九杯酒,九个酒迷喝九口。喝罢九口酒,又倒九杯酒,九个酒迷端起酒,"咕咚儿咕咚儿"又九口。九杯酒,酒九口,喝罢九个酒迷醉了酒。

方音矫正

(10) 扁担长，板凳宽，扁担没有板凳宽，板凳没有扁担长。扁担绑在板凳上，板凳不让扁担绑在板凳上，扁担偏要绑在板凳上。

这是几段绕口令，我说得不好，还得请您多多来批评。

5. 故乡（散文朗诵）

故乡是山，故乡是水，故乡是秋日田垄的诗行，故乡是母亲手搭凉棚望眼欲穿的眉眼。

带着麦叶的清香，带着野花的芬芳，故乡在夜深人静的时候驶进你的心海，泛起你情感的涟漪。出门在外的日子里，故乡是一帧随身携带的照片，抚摸着它的山水，游子才能进入甜美的梦乡。

到浓浓的乡音里谛听，到诗人的明月中找寻，到外婆爬满皱纹的故事里捕捉，故乡总是在游子思恋它的时候潜入心底，撑一方绿荫，洒一片清凉；沉淀丝丝温馨，挥走缕缕惆怅。于是，出门在外的日子不再感到寂寞凄凉。

　　故乡是一把伞,撑着它,游子才能安然地走过春秋冬夏。

6. 2500常用字(按常用度排序)

(1)

的一是了不在有人上这大我国来们和个他中说
到地为以子小就时全可下要十生会也出年得你
主用那道学工多去发作自好过动对行里能二天
三同成活太事面民日家方后都于之分经种还看
产所起把进前着没而样部长又问法从本定见两

(2)

新现如么力等电开五心只实社水外政很高月业
当义些加老着四头因向理点合明无机意使第正
度物想体此知关制然其表重化应各但者间百比
什儿公做九相气命西话将内与由利今手平量员
回情几最八级位结性代教次路党六便原军总走

(3)

象口七先常题入给己队战果完反白建革立少文
打论门东女放期真数展资通农名解叫提或山线
条别万系已变形它边阶报官决她及争声北求世

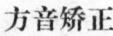
方音矫正

耍美再听才运必安取被南接华干区身济共计特
改吃书马组界议车并海育思设件光强品直许造

(4)

务流治领联金记任受极基质指帮目市快千导花
科难深保住统管处认志图则研劳每场带亲至根
更斗收信究且怎近非料何呢热术夫眼交布石达
步拉众省风据奸增程火团字却油米委色式切望
器办群观算调母土较请元爱持清广张连压觉识

(5)

林际举即死专局类空单权毛师商孩装批府找往
王校该未席约照易神克号京转须半习青早规验
拿服节精树传备钱技讲告德参斯具织集病友谈
示积亚复厂越支婚历兵胜选整铁势笑院板球河
吗除准况影倒若格断甚速言采哪离县写台古远

(6)

士感般呀低确晚害细标兴房游消够坐足史飞注
紧食列失候周破推温英喜片苏首价双赛证木角
族苦引始哥跟念故助容需落草项功送巴船罢鱼
虽音试包洋怕似养满防红修田妇银城职止希查
江站村曾黑段随费黄父续乐块买衣型状视愿投

第三章 综合练习

(7)

司欢效响刻存尽跑坚差滑武纪围阿层划企客底
屋阳律妈派啊护施富像留让敌吧供皮维值既例
急弟答严轮孔击款息扬叶轻朝率责营雨监忙称
继固渐医良初刀星按坏帝负待姑夜属密简排均
显旧啦谁尺云副男致适协靠艺脚换配宽迫洲久

(8)

财免旅错姐归令余读创置益穿端抗独某判闻敢
午冷材春守虫仅态圆岁预宣略源素矿充刚语左
考仍恩烟构乡酒付画座君逐卖卫跳绝朋降李占
汽药货救另获微伤奇减策句赶承州终娘案诉右
依短察芬优杂波居爷限呼停互章纸封央脸普瓶

(9)

演室背饭借顶肯乱班诸床乎善环您困吸假齐福
慢血激毫担桥讨凭印钟鲜掉零音怪戏述汉尼含
散杀恶斤肉肆牛模液罪评检范睛亦茶香访射烧
灯兰沙针罗旁替脑输烈练境努径升钢哭突恐贵
植粉酸削丝误野礼巷冲测麦露否登危搞歌亮欧

(10)

痛唱玩肥超菜攻鼓退藏谢哈暗缺户迎堂训陈敬

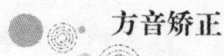
方音矫正

馆险妹移弹景顾课惊播挥熟票夺培棉夏灭抓味
松掌架静曲粮束赞犯忽编异翻促套脱鼠祖尚尤
嘴础伟骨潮载威阵闹园磨玉鸡侵竟概抵季执冬
核补孙遇兄辨弄讯丰顺宝庄永毒托睡枝洞录港

(11)

宗纳甲盖胡倍稳届附庭泥镇贫岛毕洗笔煤亿卡
盘弱街损耳控狗晓铜末镜楼败航寻湖恼介宁招
凤爸咱蒙混麻昨雷份索店探舞摇横凡岸莫龙沿
临启盛操羊雄销伸鸟奶塞额吹幕途陆筑齿扩括
缘阻阴拜猪旗绿氏私冰聪谋穷献沉抢灰践奋警

(12)

秋召绩敞触休瓦征疑残析透欲壁狠剧牙幸苗氧
妻怀喝荣篇订巨贸顿版剂瞧挂摆楚税厚抱握虎
健卷胞刺忘炉逃缩偏隔聚窗庆寨追序喊软闭刘
亩醒伯遍抽杆亡盾唯枪杯姓谷硬灵晨袋皆圈域
鲁勇暴雪恨械惯寸津绍佛墙粒染井乙薄奖奴乃

(13)

迅汗映猫彩蛋牌盐距桌股吨皇奏辛伐涉箱网盟
振秩寒净博泪折诗矛裂湿尊延彻幼番劝糖洁稻
粗禁遭尾菌废裁燃伙愈丹瞒徒拍捉汇牧珠稿灾

浪援怒堆避怜纯智丽雕铺驻拖康典妙岩浅抬坦
瓜杨壮俗彼督耐勒赵剥虚钻乘繁勤殖贝贯脉兔

(14)

纷尖缓圣遗祝迷洪库惜炮择竹忍览渡辆柱碎池
旋川塔耕柴审辞插债湾震纵呆株宫遭签允扫累
鞋螺奔贡宜擦暖趣润侧冒猛迹骂旱豆帽爬迟饮
巧乌鬼释寄仪慌悟甘壤诚淡冠沈梦荷页丈伍懂
祥爆厅碗滚授玻奉捕乏扎墨词夹摄仙艰秘泻倘

(15)

婆唤垂愁喷炼糊涂叹丁壳泰鸣予倾贺舍虑秀朗
售腿妄稍奥辈辟斜叔宪腐幅挑锦劲璃腰浓乓阀
吉森荒邻泛蜂闪灌疗隶竞耗卵辩剩厘割添颜障
臣吴扇亏拔珍黎胶绕仁偷伏仔暂荡欺违棒患贴
骗貌潜浮赏锋晶拥殊唐赤宾默刑币鼻污泼祸刊

(16)

胆衡纺沟悲纤扶撤揭泽渔孤呈巩申狐姻漏恰胸
摸励仿戴盆妥融辉邮梁哲纱宋炭唉仗盗挖碰朱
截符狂疾毁购邀肃饰恢骤贼顽扑磁袖肚耀纹牲
栽龄鉴纲紫闷役阅燕坡咬刷拾肩缝储踏峰绳烂
柳颗忠蒸挤覆乳匪租吐帐搬旨碍欠详瞎阔搭钉

方音矫正

(17)

嫂弃兼蓄趁腾塑徐帖雅尘鹊芽陷蝇筒饼稀畜焦
饿炸岂臂宿饲喂凉豪倡籍丢舒摩侮忧眉猴尝凶
朵郎闯凝誉饱弯袭腹秤遵叙窝脂阁跌拆拒键秒
瑞冻昼艇趋驾昌斑箭俱寿汤跃偶烦孟绪牵牢兽
仰桑谅隐妨悄忆耻泉汪蚊慰递滴屈吓扰篮筹悉

(18)

铃葡佩剑仇享犹悬蜜卧槽缸逼嫁劣罚丧漠柔宴
锅歇抛昏羽滋梅庙铸拨戒蓝码剪敲闲译岭挺驱
掘瘦匹蛇扣撞乞猜骑敏矮巡杜埋锻郑昆狼桃肝
疮蚕鸦症苍轨伴降赖惠陪返惨轰屡伪勿膜贪捐
棋叛翁辽橡浙舌贷雀晴椅勉涨俩琴吊册棍弦鸭

(19)

舅恭爹愧辱旬旦匠摘吵匀壶笼遮饥筋巾傅拼宅
愤肤愚循链隙粘赔飘捧蓬哀孝漆穗乔侨辅躲渠
丙锁狡拳脏谊眠宇墓梯芳崇涌衰蚀疆岗塘疯铅
迈泡厌浆骄甜惑竭抚凯迁谨估绵逢栏秧赴恋慎
扯厉仆慈冤穴嚷吞嫩杰携桂糕柜慕怨浇柏悔贤

(20)

浸陶描胀偿掩鹿腊醉翼柄丑催丛昂薪浑纠棵跨

咐尸睁咳萄晒酬肠腔钞龟惭熊劫戚猎鹅霉挽仓
舰扭御溪蜡填虾胁爪霸牺串餐臭雾乡络漫妖堡
赠狮鄙驴卜竿厨绸蚁锐洒弓燥婶狱暑姨佳炎颂
畅驶嘱贞羞踢捷绘蔬煮廉挡鹰滤旺葛烛刮赌锡

(21)

询汁弊砖枯矩殿桶坑傲辰顷膀峡轧熔滩魂撒逆
颈溜漂梳慧躺茎吩疏盼舟淋郊欣恳堪衫誓裳罐
晋扔驰抖粪驼棚爽谱枣嫌谣竖肺侍挨菊狸犬陕
酱饶裕姿剖歪勾歼卸脾滨翅疼毅搁陵冶贩蛙皱
僚怠躬宏颠蚂垫摊秆袍惹披泳蝶缠娃抹叨棕斥

(22)

董档诱泊侦葬朴垦券疫恒碧骆浩堵脆鞠慨丘酷
茫疲砍绒渗胃蹲纽盈址痕糟匆溉搜拘轿宙诊叮
稼拌贱膨狭押惰肿盲摔佣霞碑芦摧钓脊痰堤艘
框掠羡赚凑亭诞喘刃唇幻苹沃肌鞭窄裤抄夕钩
霜谦叉肢撑盒锤娇坝捞懒驳锈罩遥怖尿晃莲窑

(23)

鸽缎寺泄夸蔽葱炕筛兆垄坛逮跪毙烘掀攀扁哨
凳拦杠畏咽衬惧缴屑颤掏厦蝴搅俊叠屿帅沸挣
踪辣挪惩渴窃舱捏焰赢薯冈衔悠拣逝愉拢哄帘

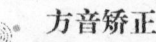
方音矫正

扮伞榜茂犁渣嘉膏茅孕梨傻锯姜铲屠哗洽枕涛
翠闸傍谎禽囊帆砌乓艳沫芒蔑萝庸朽鸣蛮絮滥

(24)

沾炒胖绑晌帜悦茧榴酿淘醋皂悼垒俭邪浊桐萍
胳裹塌捆袜喉魔揉锄蹈膝趟钳嗓灿灶倦馅骡烤
崖蕉僵撕袄桨俯咸荐杏盏坟萌蛾梢毯盯扛坊禾
蒜滔橘浴蠢廊惕陡裙哑宰淹喇倚梁垮拐忌瓣逗
脖伶斧踩膊屯搏蹄肾芝韵耽匙劈挠涝躁俘吼碌

(25)

辫圾筐膛猾绞笛旷嚼扒乖秃垃糠涌甩窜粥斩僻
煌熄锣眨樱丸蛛贿歉腥拴钥筝崭晕烫眯蜘膀雹
笨嗽澡榨雁椒炊娱谜栗啄寇稠讽笋馒佺魄宵煎
揪辜厕殃茄撒聋暮贫槐痒虹捎勺眯葵栋蹦绢搂
柿趴榆镰删剃咏蜒疤蜻挎箩锹菠饺叼芹姥馋

7. 实用短句

你好！　　可以。　　对。　　谢谢！　　对不起！
不客气！　　再见！　　请结账！（老板，买单。）
欢迎！　　早上好！　　多少钱？　　我爱你！
请问哪儿有男（女）厕所？　　出租车！　　危险！
救命啊！　　着火啦！　　快叫医生！　　抓小偷儿！

有人打劫啦！　　请稍等。　　我要这个。
您说什么？　　水！　　医院！　　公安局。　　宾馆。
饭馆儿。　　火车站。　　速效救心丸在我上衣口袋里。请给我家里打电话。　　恭喜恭喜！　　想死我了。
请问到新华书店怎么走？　　能请您帮一下忙吗？
您贵姓？　　您今年贵庚啊？　　您是哪位？
这事让您费心了。　　哪阵香风把您给吹来了？

8. 自我介绍

每人都做一下自我介绍，看谁发音准确清晰，流畅连贯。

大家好！我叫_____，出生于_____年，属_____，今年_____岁。在_____（机构）做_____工作。我家住在_____区_____小区，那里的地标性建筑有_____。我来自_____，那里的主要景点有_____，土特产有_____。我的爱好有_____。我最大的心愿是_____。我参加这个培训班的目的是_____。我的手机号是_____，我的QQ号是_____，希望大家和我交朋友。谢谢大家！

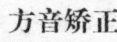

方音矫正

9. 蝈蝈蛐蛐对吹(快板)

星期天,我到郊区,瞧见了一个蝈蝈跟蛐蛐,他俩在那儿吹牛皮。

这个蝈蝈说:"嘿,我在南山,一口就吃了一只斑斓虎。"

这个蛐蛐说:"嘻!我在北山,一口就吞了两匹大叫驴。"

这个蝈蝈说:"我卷卷须,拔掉万年大松树。"

这个蛐蛐说:"嗯,我一伸腿,蹬倒了高山变了平地啦。"

这个蝈蝈说:"飞禽走兽,都归我管。"

这个蛐蛐说:"哼!我不管那——天上飞的,地下跑的,河里凫(fú)的,草窠(kē)儿里蹦的——我都给他们立规矩。"

正当这两个家伙在这儿说大话,猛听得,正东方,咕咕咕,喂喂喂,噗碌碌碌碌碌,飞来了一只芦花大公鸡。

你说这个公鸡有多愣啊,"噌"的一口,把蝈蝈吞到了肚子里。

小蛐蛐一见有了气啦,开言有语地骂公鸡:

"我说公鸡呀,你不该,南山吃了我的亲娘舅,北山吃了我的姑姑姨。

四两的棉花你纺一纺吧,蛐爷爷不是个好惹的。

今天你碰在我的手,咱俩得分个上下与高低。"

小蛐蛐越说越恼越有气,它蹬蹬腿儿,磨磨牙,捋(lǚ)捋须,往前一蹦——也喂了鸡!

10. 最常用的普通话多音节词语①

(1)

wǒ men	tā men	méi yǒu	zì jǐ	zhōng guó	kě yǐ
我们	他们	没有	自己	中国	可以

wèn tí	gōng zuò	zhè ge	shēng huó	zhè yàng
问题	工作	这个	生活	这样

yǐ jīng	zhè xiē	yī xiē	qǐ lai	shén me
已经	这些	一些	起来	什么

xiàn zài	guān xì	dì yī	yīn wèi	kāi shǐ	xǔ duō
现在	关系	第一	因为	开始	许多

shí jiān	rén men	jīn tiān	guó jiā	sī xiǎng
时间	人们	今天	国家	思想

yī dìng	rú guǒ	tóng shí	xū yào	zhòng yào
一定	如果	同时	需要	重要

wèi le	jiù shì	rén mín	rèn wéi	chéng wéi	Běi jīng
为了	就是	人民	认为	成为	北京

---

① 根据 2008 年 11 月国家语言文字工作委员会发布的《现代汉语常用词表》(草案)。

方音矫正

lì shǐ　fāng miàn　qíng kuàng　ér qiě　xué sheng
历 史　方 面　　情 况　　而 且　　学 生

zhè lǐ　dàn shì　hái zi　kě néng　fā shēng　bì xū
这 里　但 是　孩 子　可 能　　发 生　　必 须

zhǐ yǒu
只 有

(2)

yāo qiú　fā xiàn　jìn xíng　tè bié　dé dào
要 求　发 现　进 行　特 别　得 到

wén huà　tóng zhì　fā zhǎn　rì běn　yīn cǐ
文 化　同 志　发 展　日 本　因 此

duì yú　lǐng dǎo　shí hou　zhèng fǔ　jué dìng
对 于　领 导　时 候　政 府　决 定

yīng gāi　gōng sī　gàn bù　chū xiàn　yī qiè
应 该　公 司　干 部　出 现　一 切

yán jiū　rèn shi　shí fēn　zhī jiān　xī wàng
研 究　认 识　十 分　之 间　希 望

suī rán　Měi guó　zhī dao　dà jiā　xué xiào
虽 然　美 国　知 道　大 家　学 校

zǔ zhī　yóu yú　zhèng zài　biǎo shì　yī yàng
组 织　由 于　正 在　表 示　一 样

huó dòng　rú hé　jiào yù　chéng shì　yì shù
活 动　如 何　教 育　城 市　艺 术

jīng jì　yǐ jí　yǐng xiǎng　qí zhōng　xiān sheng
经 济　以 及　影 响　其 中　先 生

wán quán　zhǔ yào　jì xù　zhī hòu　cān jiā
完 全　主 要　继 续　之 后　参 加

(3)

néng gòu	Shàng hǎi	jīng guò	fēi cháng	shèn zhì
能够	上海	经过	非常	甚至

yī zhí	xué xí	suǒ yǐ	dài biǎo	zuì hòu	yī qǐ
一直	学习	所以	代表	最后	一起

suǒ yǒu	nà me	bàn fǎ	yǒu xiē	tōng guò
所有	那么	办法	有些	通过

jiě jué	yī bān	huò zhě	shí dài	zuò pǐn
解决	一般	或者	时代	作品

bù duàn	yǐ hòu	guān yú	qīng nián	gè zhǒng
不断	以后	关于	青年	各种

qí tā	nóng mín	nà xiē	yǒu de	gēn běn	zuò zhě
其他	农民	那些	有的	根本	作者

gǎn dào	zěn me	rèn hé	biǎo xiàn	cún zài
感到	怎么	任何	表现	存在

rán ér	zhǔn bèi	bǐ jiào	shū ji	dān wèi
然而	准备	比较	书记	单位

qún zhòng	yīng dāng	gè rén	quán guó	yì yì
群众	应当	个人	全国	意义

tiáo jiàn	huán jìng	liǎo jiě
条件	环境	了解

(4)

lì liang	bù jǐn	mù qián	jīng yàn	chǎn shēng
力量	不仅	目前	经验	产生

zhēn zhèng	yǒu guān	huì yì	shēng mìng	jīn nián
真正	有关	会议	生命	今年

nǔ lì	yì jiàn	mín zú	zhǐ yào	wén xué
努力	意见	民族	只要	文学

方音矫正

chéng gōng	biàn huà	nǐ men	dì qū	zhù yì
成 功	变 化	你 们	地 区	注 意

dāng rán	jiā tíng	yuán yīn	jìn rù	jiè shào
当 然	家 庭	原 因	进 入	介 绍

xià lai	shì qing	fāng shì	jì huà	rén lèi
下 来	事 情	方 式	计 划	人 类

bào gào	shì jì	fāng fǎ	diàn huà	néng lì
报 告	世 纪	方 法	电 话	能 力

zuò yòng	rú cǐ	duō shǎo	wèi shén me	suí zhe
作 用	如 此	多 少	为 什 么	随 着

nóng cūn	jù yǒu	xiàn dài	quán bù	yùn dòng
农 村	具 有	现 代	全 部	运 动

nèi róng	bāng zhù	wén yì	zhǔ rèn	shì yè
内 容	帮 助	文 艺	主 任	事 业

(5)

qì chē	jì shù	zhōng yāng	jì zhě	zhǐ shì
汽 车	技 术	中 央	记 者	只 是

rén yuán	yǐ lái	jué de	zuǒ yòu	jiàn shè
人 员	以 来	觉 得	左 右	建 设

lì yòng	zěn yàng	xíng wéi	yú shì	péng you
利 用	怎 样	行 为	于 是	朋 友

zhèng shì	shòu dào	rén wù	jiē shòu	lái dào
正 是	受 到	人 物	接 受	来 到

zhè me	fā biǎo	yuán lái	shēng chǎn	dà xué
这 么	发 表	原 来	生 产	大 学

rèn zhēn	guò chéng	yǒu rén	chuàng zào	zēng jiā
认 真	过 程	有 人	创 造	增 加

bù guò	yǐ shàng	tā men	wú fǎ	shí qī	gèng jiā
不 过	以 上	它 们	无 法	时 期	更 加

chuán tǒng	zhī chí	gēn jù	shì chǎng	bāo kuò
传统	支持	根据	市场	包括

zhí jiē	jī huì	zhèng cè	kē xué	jī hū
直接	机会	政策	科学	几乎

tí gāo	jiān chí	kě shì	shí jì
提高	坚持	可是	实际

(6)

wán chéng	yǐn qǐ	zé rèn	hòu lái	láo dòng
完成	引起	责任	后来	劳动

rèn wù	zhī shi	bù duì	bù fen	mǔ qīn	shǒu xiān
任务	知识	部队	部分	母亲	首先

bǎo hù	lǐ lùn	xíng shì	yī yuàn	bù kě
保护	理论	形式	医院	不可

xíng dòng	réng rán	chǔ lǐ	qù nián	xíng chéng
行动	仍然	处理	去年	形成

gǎi biàn	nà yàng	Xiāng gǎng	xiāng xìn	lǎo shī
改变	那样	香港	相信	老师

xīn wén	dì wèi	chú le	qǐ yè	zhōng yú	zhǔ xí
新闻	地位	除了	企业	终于	主席

yán zhòng	róng yì	fǎ lǜ	jiàn lì	qí shí
严重	容易	法律	建立	其实

fú wù	yì shi	zì yóu	shí xiàn	dá dào	rán hòu
服务	意识	自由	实现	达到	然后

zhàn zhēng	tài du	gǎi gé	bù shì	xiàn shí
战争	态度	改革	不是	现实

shuō míng	shǐ yòng
说明	使用

方音矫正

(7)

huí dá　gòng tóng　guī dìng　yī xià　guǎn lǐ
回答　共同　规定　一下　管理

yuè lái yuè　rú jīn　shè huì zhǔ yì　nián dài
越来越　如今　社会主义　年代

biàn chéng　zhōng xīn　fù qin　guó jì　gāo xìng
变成　中心　父亲　国际　高兴

lǐ jiě　bǎo chí　xuǎn zé　xīn lǐ　jǐn guǎn　fǎn duì
理解　保持　选择　心理　尽管　反对

chuàng zuò　zào chéng　shì fǒu　xià qu　zǒng shì
创作　造成　是否　下去　总是

huò dé　lián xì　zhī yī　yě shì　suǒ wèi　ān pái
获得　联系　之一　也是　所谓　安排

mù dì　wěi dà　gōng rén　zhì dù　jīng shén
目的　伟大　工人　制度　精神

xiǎo shí　sì hū　xià wǔ　yóu qí　lǎo rén　bù mén
小时　似乎　下午　尤其　老人　部门

shuǐ píng　àn zhào　jī guān　xīn·lǐ　lí kāi
水平　按照　机关　心里　离开

shēn tǐ　miàn qián
身体　面前

(8)

jī chǔ　yǐ qián　jià zhí　jié shù　fù nǚ
基础　以前　价值　结束　妇女

jiào shòu　jūn shì　jī běn　ér zi　bìng qiě　nà lǐ
教授　军事　基本　儿子　并且　那里

tǒng yī　chóng xīn　fāng xiàng　wǎng wǎng　kǎo lǜ
统一　重新　方向　往往　考虑

zhòng dà　zhī zhōng　rén cái　zǒng tǒng　gǎn jué
重 大　之 中　人 才　总 统　感 觉

jù tǐ　wén zhāng　xiàn xiàng　lì jí　cái liào
具 体　文 章　现 象　立 即　材 料

bù dé　zhèng míng　nián qīng　shì shí　fēn bié
不 得　证 明　年 轻　事 实　分 别

máo dùn　bù zài　jī jí　yǔ yán　jù dà
矛 盾　不 再　积 极　语 言　巨 大

ān quán　tí gōng　tǎo lùn　qǔ dé　shǐ zhōng
安 全　提 供　讨 论　取 得　始 终

chéng dù　fēn xī　xiāo xi　jiǎn chá　xuān chuán
程 度　分 析　消 息　检 查　宣 传

shì jiè　xiāng dāng　Yīng guó　hé zuò
世 界　相 当　英 国　合 作

(9)

fā chū　diàn yǐng　lìng wài　shēn shang　kěn dìng
发 出　电 影　另 外　身 上　肯 定

jǔ xíng　mù biāo　fǎn yìng　yī shēng　chéng lì
举 行　目 标　反 映　医 生　成 立

chōng fèn　tū rán　gōng chéng　yī biān　yǒng yuǎn
充 分　突 然　工 程　一 边　永 远

biāo zhǔn　yuán zé　tóng yàng　kòng zhì　duì wu
标 准　原 则　同 样　控 制　队 伍

jié gòu　wǎn shang　zhǐ chū　diào chá　nóng yè
结 构　晚 上　指 出　调 查　农 业

jiā lǐ　qīng chu　cǎi qǔ　jí zhōng　jìn yī bù
家 里　清 楚　采 取　集 中　进 一 步

míng xiǎn　liáng shi　jié hé　bǎo zhèng　xǐ huān
明 显　粮 食　结 合　保 证　喜 欢

方音矫正

zuì jìn　shōu rù　shí xíng　miàn duì　yuàn yì
最近　　收入　　实行　　面对　　愿意

xì tǒng　xíng xiàng　guó nèi　rén shēng　chōng mǎn
系统　　形象　　　国内　　人生　　充满

fù zé　gǎn qíng　lì yì　děng děng　hé píng
负责　感情　　利益　等　等　　和平

(10)

shēng yīn　guān niàn　jīng cháng　guān xīn　jiě shì
声音　　观念　　　经常　　　关心　　解释

dào dé　hái yǒu　tóng xué　jìn bù　tā men
道德　还有　　同学　　进步　　她们

jīng yíng　zuò jiā　jiào shī　huí lai　chū bǎn
经营　　作家　　教师　　回来　　出版

yě xǔ　jiā qiáng　bàn gōng shì　jiàn kāng　dào lù
也许　加强　　办公室　　　健康　　道路

xùn sù　zhèng què　chǎn pǐn　xìn xī　shēn rù
迅速　正确　　　产品　　信息　　深入

shèng lì　fā huī　dú zhě　yǎn jīng　jiǎn dān
胜利　　发挥　读者　眼睛　　简单

Tái wān　liú xià　nǚ zǐ　céng jīng　xiàng mù
台湾　　留下　女子　曾经　　项目

zhuān jiā　zhòng shì　lái zì　shè jì　fēng fù
专家　　　重视　　来自　设计　丰富

lǐ xiǎng　shuāng fāng　huān yíng　huī fù　bù zú
理想　　双方　　　欢迎　　恢复　不足

shǔ yú　gōng yè　yīn yuè　mǎn zú　zhì liàng
属于　工业　　音乐　　满足　质量

第三章 综合练习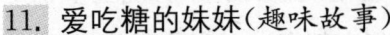

11. 爱吃糖的妹妹(趣味故事)

我妹妹特别爱吃糖,每天我放学回家,她总是嚷:"姐姐!姐姐给我吃糖!"

有一次,我正在写作业,妹妹又来了:"姐姐,我要吃糖!"谁都知道,吃糖多了对牙齿不好。可是她一个劲儿要吃糖,不给她吧,她又不让我写作业。唉!真急人!我脑筋这么一转,想出个办法:"小妹你吃糖可以,不过得回答我四个问题。""行,快说,快说!"

"那好,听清楚,第一个问题:今天早上吃了什么?""……忘了。"您看看,多笨吧!

"那晚上天上都有什么呀?""……不知道。"

"第三个问题,咱们家都有谁上班儿啊?""……不知道。"嘿,这都不知道!

"那我再问你,昨天上动物园都看见什么了?""……还是不知道。"

就这样,她在家想了一个下午,愣没想出来。晚上妈妈回来了,她到妈妈那儿告状:"妈妈,姐姐不但不给我买糖,还出了四个难题考我。"

"哦?都什么问题呀?快跟我说说。"

"她问我,早上我都吃了什么?还问晚上天上有

方音矫正

什么?……""早上不就是烧饼、油条吗;晚上不就是星星、月亮吗!""那咱们家都有谁上班儿啊?""还不是爸爸、妈妈。"

"姐姐还问我,昨天上动物园都看见什么了?""唉,这孩子,昨天上动物园不是看见的狗熊、大象嘛。"

"哦,烧饼、油条,星星、月亮,爸爸、妈妈,狗熊、大象!"妹妹记住了。

第二天,我正要写作业,妹妹又跑来了:"姐姐我会了!"

我呀,把问题的前后顺序颠倒了一下,就问:"晚上天上都有什么呀?""烧饼、油条!"好嘛,烧饼、油条满天飞呀!

"那你早上吃了什么呀?""星星、月亮!"啊?你咬得动吗?

"你上动物园都看见什么啦?""爸爸、妈妈!"她什么时候把爸爸妈妈弄到动物园里去了?

"那咱们家都谁上班哪?""狗熊、大象!"

嗐!

12. 雪（打油诗）　　唐　张打油

一

天地一笼统,井口黑窟窿。

黄狗身上白,白狗身上肿。

二

六出飘飘降九霄,街前街后琼瑶。

有朝一日天晴了,使扫帚的使扫帚,使锹的使锹。

13. 同义成语韵律朗读①

a/ia/ua

瞬息万变——千变万化　　耳濡目染——潜移默化

扑朔迷离——错综复杂　　千方百计——想方设法

妄自尊大——夜郎自大

ai /uai

波澜壮阔——汹涌澎湃　　燃眉之急——迫不及待

当仁不让——责无旁贷　　旁敲侧击——指桑骂槐

煽风点火——兴妖作怪　　想入非非——异想天开

---

① 根据商务印书馆《新华同义词词典》,选取部分。

 方音矫正

ei/uei(ui)

虎头蛇尾——半途而废　口是心非——阳奉阴违
流离失所——无家可归　狗仗人势——狐假虎威
无法无天——胡作非为　为所欲为——惹是生非
头头是道——天花乱坠　居心叵测——图谋不轨
心安理得——问心无愧

ao/iao

出其不意——出人意料　尔虞我诈——钩心斗角
口蜜腹剑——两面三刀　能言善辩——能说会道
顺水推舟——因势利导　栩栩如生——惟妙惟肖
坐井观天——管中窥豹

ou/iou(iu)

驾轻就熟——得心应手　一气呵成——一挥而就

e/o/uo

来龙去脉——前因后果　伶牙俐齿——口若悬河
拐弯抹角——迂回曲折　鹦鹉学舌——随声附和
千篇一律——如出一辙　手足无措——束手无策
哑口无言——瞠目结舌

u

遍体鳞伤——体无完肤　记忆犹新——历历在目

轻车熟路——应付自如　顿开茅塞——恍然大悟
举不胜举——不可胜数　目不转睛——全神贯注
滥竽充数——鱼目混珠　流连忘返——乐不思蜀
搜索枯肠——搜肠刮肚　说长道短——评头品足
左右为难——进退维谷　日暮途穷——走投无路
视而不见——熟视无睹　游刃有余——应付裕如

14. 反义成语韵律朗读①

a/ia/ua

一掷千金——一毛不拔　一成不变——千变万化
不耻下问——妄自尊大　聚精会神——心猿意马
廉洁奉公——贪赃枉法　轻举妄动——稳扎稳打
束手待毙——垂死挣扎　妄自菲薄——妄自尊大
心慈手软——心狠手辣　肝胆相照——尔虞我诈

ai /uai

恩重如山——仇深似海　光明磊落——心怀鬼胎
心怀叵测——襟怀坦白　老当益壮——未老先衰
不学无术——博学多才　明辨是非——混淆黑白
如法炮制——独出心裁　习以为常——少见多怪

---

① 根据商务印书馆《新华反义词词典》，选取部分。

方音矫正

遥遥无期——指日可待　　百思不解——茅塞顿开

ei/uei(ui)

安分守己——胡作非为　　循规蹈矩——惹是生非
百折不挠——半途而废　　得过且过——奋发有为
稳如泰山——摇摇欲坠　　改弦更张——萧规曹随
隔岸观火——见义勇为　　一事无成——硕果累累
功亏一篑——半途而废　　隐约其词——直言不讳
苦尽甘来——乐极生悲　　推陈出新——墨守成规
锲而不舍——半途而废　　安如泰山——岌岌可危
漠不关心——体贴入微　　穷凶极恶——大慈大悲
心平气和——暴跳如雷　　落井下石——成人之美
一无所获——满载而归　　怨声载道——有口皆碑

ao/iao

长篇大论——简明扼要　　精雕细刻——粗制滥造
大摇大摆——蹑手蹑脚　　无的放矢——对症下药
寥若晨星——多如牛毛　　肝胆相照——钩心斗角
感恩戴德——恩将仇报　　恍然大悟——莫名其妙
乱七八糟——井井有条　　据理力争——无理取闹
开门见山——拐弯抹角　　深思熟虑——心血来潮
同流合污——洁身自好

ou/iou(iu)

弃如敝屣——爱不释手　　绰绰有余——捉襟见肘
佶屈聱牙——朗朗上口　　坐以待毙——困兽犹斗
临渴掘井——未雨绸缪　　一意孤行——从善如流

e/o/uo

手忙脚乱——从容不迫　　泰然自若——张皇失措
尔虞我诈——同心同德　　分道扬镳——志同道合
旧调重弹——改弦易辙　　应付自如——束手无策
不堪一击——牢不可破　　高朋满座——门庭冷落
自相矛盾——自圆其说　　年富力强——年老体弱
盛气凌人——和颜悦色　　异口同声——七嘴八舌
融会贯通——生吞活剥　　失魂落魄——镇定自若
离心离德——志同道合　　拖泥带水——干净利落

u

爱财如命——挥金如土　　一蹶不振——重整旗鼓
不修边幅——衣冠楚楚　　好为人师——虚怀若谷
心不在焉——全神贯注　　旁敲侧击——单刀直入
小肚鸡肠——豁达大度　　弱不禁风——铜筋铁骨
天衣无缝——漏洞百出　　偃旗息鼓——大张旗鼓
无机可乘——破绽百出　　心灵手巧——木雕泥塑
一毛不拔——倾囊相助

方音矫正

15. 多字熟语、诗句、对联、顺口溜（部分）

a、ia、ua

老鼠过街,人人喊打　　先抱西瓜,后捡芝麻

胆大如斗,心细如发　　男大当婚,女大当嫁

箭在弦上,不得不发

黄金无足色,白璧有微瑕(xiá)

穷则独善其身,达则兼济天下

落红不是无情物,化作春泥更护花

松竹梅岁寒三友,桃李杏春暖一家

春风得意马蹄疾,一日看尽长安花

o、uo

光阴似箭,日月如梭

水到渠成,瓜熟蒂(dì)落

人非圣贤,孰(shú)能无过

取其精华,去其糟粕(zāo pò)

不求有功,但求无过

酒逢知己千杯少,话不投机半句多

路漫漫其修远兮,吾将上下而求索

u

流水不腐,户枢(shū)不蠹(dù)

大难不死,必有后福　榜上无名,脚下有路

勿妒(dù)人有,莫笑人无

早知今日,何必当初　塞翁失马,焉(yān)知非福

重赏之下,必有勇夫　一夜不睡,十夜不足

一日为师,终身如父　路不拾遗,夜不闭户

路见不平,拔刀相助　病从口入,祸从口出

皮之不存,毛将焉附　无源之水,无本之木

衣不蔽(bì)体,食不果腹

量小非君子,无毒不丈夫

以小人之心,度君子之腹

躲得过初一,躲不过十五

卤(lǔ)水点豆腐,一物降(xiáng)一物

朱门酒肉臭,路有冻死骨

听君一席话,胜读十年书

蛟(jiāo)龙得云雨,终非池中物

水至清则无鱼,人至察则无徒

天有不测风云,人有旦夕祸福

害人之心不可有,防人之心不可无

两耳不闻窗外事,一心只读圣贤书

踏破铁鞋无觅(mì)处,得来全不费工夫

无情未必真豪杰,怜子如何不丈夫

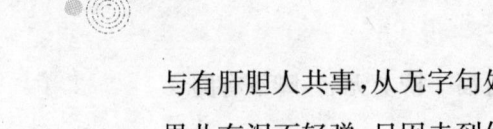
方音矫正

与有肝胆人共事,从无字句处读书
男儿有泪不轻弹,只因未到伤心处
当官不为民做主,不如回家卖红薯

ai、uai

机不可失,时不再来　　精诚所至,金石为开
眉头一皱,计上心来　　知己知彼,百战不殆(dài)
萝卜白菜,各有所爱　　棋逢对手,将遇良才
一夫当关,万夫莫开　　摔了个跟头,捡了个明白
任凭风浪起,稳坐钓鱼台
火车跑得快,全靠车头带
学而不思则罔(wǎng),思而不学则殆(dài)
运筹帷幄(wéi wò)之中,决胜千里之外
春色满园关不住,一枝红杏出墙来
忽如一夜春风来,千树万树梨花开
宝剑锋从磨砺出,梅花香自苦寒来
天生我材必有用,千金散尽还复来
我劝天公重抖擞(sǒu),不拘一格降人才
问渠哪得清如许,为有源头活水来

ei、uei(ui)

公则生明,廉则生威　　　　燕瘦环肥,各尽其美
出乎其类,拔乎其萃(cuì)　穷勿信命,病勿信鬼

第三章　综合练习

近朱者赤，近墨者黑　　　出其不意，攻其不备

一言既出，驷(sì)马难追　　王子犯法，与民同罪

当面是人，背后是鬼　　　能吃能睡，长命百岁

海阔凭鱼跃，天高任鸟飞

捐躯赴国难，视死忽如归

往者不可谏(jiàn)，来者犹可追

有山必有水，有人必有鬼

宁做蚂蚁腿，不学麻雀嘴

少壮不努力，老大徒伤悲

谁言寸草心，报得三春晖

快马不用鞭催，响鼓不用重锤(chuí)

有志不在年高，无志空活百岁

生如夏花之绚(xuàn)烂，死如秋叶之静美

静坐当思自己过，闲谈莫论他人非

衣带渐宽终不悔，为伊(yī)消得人憔悴(qiáo cuì)

花间小燕随风去，也向云霄渐学飞

业精于勤荒于嬉，行成于思毁于随

清官难断家务事，巧妇难为无米炊

鸡蛋碰不过石头，胳膊扭不过大腿

有关家国书常读，无益身心事莫为

蓬生麻中，不扶自直；白沙在涅(niè)，与之俱黑

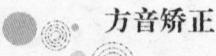 **方音矫正**

舒心的酒,千杯不醉;知心的话,万言不赘(zhuì)

ao、iao

说到做到,不放空炮　　头痛医头,脚痛医脚

君子爱财,取之有道　　内行看门道,外行看热闹

平时不烧香,临时抱佛脚

留得青山在,不怕没柴烧

脑越用越灵,手越用越巧

会当凌绝顶,一览众山小

鸟随鸾(luán)凤飞腾远,人伴贤良品自高

不知细叶谁裁出,二月春风似剪刀

干得多不如干得好,来得早不如来得巧

莫怨自己穷,穷有穷的乐趣;莫羡他人富,富有富的烦恼

16. 常用形声字

注:声旁相同的字,绝大部分读音相同或相近。本材料把常用的字按声旁归类,学习时可进行对比类推,这样一记就是一串儿,而且记忆牢固。形声字占汉字总数的90%以上,应该充分地利用这种方法提高学习字音的效率。每组百字左右,方便训练、检测。

第三章 综合练习

（1）

阿啊婀屙哀衰蓑艾哎爱暧媛安鞍氨按案昂仰迎抑印敖熬遨嗷鳌骜鏊傲赘奥澳懊噢八叭扒趴巴吧疤芭笆把靶爸耙爬琶杷箔葩拔跋钹罢摆白柏拍啪伯舶泊箔帛棉绵锦迫珀粕魄陌怕帕碧百佰弼拜湃班斑瘢般搬瘢磐槃盘半伴拌绊判叛畔胖

（2）

办协胁苏邦帮梆绑蚌包苞胞孢雹饱抱鲍刨袍狍庖炮咆跑泡疱保褒煲堡葆褓暴爆曝瀑卑碑捭稗牌啤脾俾婢裨北背贝狈钡呗败坝贼备惫贲喷愤本苯笨钵鼻擤算痹匕比妣秕毕荜筚哔陛庇毖毙蓖篦媲貔批砒纰枇琵蚍屁匙叱牝敝弊蔽憋鳖蹩撇瞥

（3）

必泌秘密蜜谧僻避壁璧臂劈噼霹癖僻譬扁编蝙匾遍偏翩蹁骗便鞭变恋峦蛮弯湾卞汴辩辨辫瓣表裱婊别捌兵浜宾滨缤傧镔槟摈殡髌膑鬓嫔乒乓丙炳柄病禀凛檩廪并饼屏摒瓶迸骈拼姘勃渤饽鹁脖荸卜补仆扑朴讣赴不杯抔怀坏还环

方音矫正

(4)

布怖部菩涪剖焙倍蓓陪赔培才材财豺采彩睬踩菜餐粲璨参惨掺糁渗瘆碜仓沧苍舱疮创怆枪抢呛戗跄操澡藻噪燥躁臊曹嘈漕槽遭糟册删珊姗跚栅插歃叉汉杈衩钗茶搽查碴蹅渣楂喳察镲嚓差搓磋蹉嗟搀谗馋产铲彦谚颜颤檀擅膻嬗

(5)

昌猖娼倡唱尝偿长伥怅张涨胀帐账场肠畅汤烫荡砀扬杨疡炀巢剿缫澈撤辙辰晨唇娠蜃振赈震忱沈枕鸩耽眈呈程逞裎乘剩成诚城盛丞承拯蒸骋聘娉尺迟赤哧郝赫赦郝斥拆诉充统铳虫融触独烛浊蜀镯丑妞扭忸纽钮羞馐臭嗅出础绌黜拙茁咄

(6)

厨橱蹰刍雏刍皱绉邹川钏训驯圳顺巡船铅沿舛舜瞬串窜踹撺患垂捶锤陲睡唾春椿蠢辍啜掇缀此疵雌龇紫眦刺策枣棘次瓷茨咨姿资趑恣囱窗匆葱偬从丛怂耸纵众寸村忖衬肘纣搭嗒答瘩塔大夯达鞑哒挞代贷袋黛岱丹坍彤

第三章 综合练习

（7）

单郸殚箪掸惮弹禅蝉婵阐旦但担胆疸妲坦祖当
裆铛挡档党傥刀叨召招昭沼诏照韶绍迢笤貂超
到倒登噔蹬凳瞪镫磴澄橙低底抵诋砥狄荻递帝
蒂谛缔啼蹄弟娣递梯剃涕悌第颠癫巅滇填典碘
腆电奄掩淹阉腌鹌俺殿癜臀刁叼谍喋牒碟蝶

（8）

丁仃叮盯疔钉订灯顶酊厅亭停婷宁咛拧柠狞泞
打定腚锭碇淀绽东冻栋冬咚终佟疼图动恸斗抖
蚪豆逗痘短度渡镀踱端湍喘揣踹瑞惴段缎锻煅
队坠兑蜕锐税说脱悦阅盾遁循多哆爹嗲侈哆移
朵垛躲剁跺惰堕椭隋随髓厄扼鳄鄂愕腭萼锷

（9）

耳饵洱茸发废拨泼伐阀筏乏眨泛砭贬番翻幡藩
蕃潘蟠播鄱凡矾帆梵樊攀襻反返饭贩扳板坂阪
版舨饭犯范方坊芳妨防房肪访仿纺舫放彷旁滂
螃榜膀傍谤磅镑非菲绯啡扉蜚霏诽匪悱翡斐痱
悲辈罪裴排徘肥淝肺沛佩分芬吩纷氛汾粉份忿
颁扮掰盼盆贫

方音矫正

(10)

丰峰蜂烽锋逢缝蓬篷风枫疯讽凤奉俸捧棒缶掏陶淘啕萄谣遥摇徭瑶窑鹞夫肤麸扶芙伏袱孚孵俘浮蜉殍乳匍福辐蝠幅副富弗拂佛氟沸费狒甫敷辅脯傅缚捕哺铺匍葡蒲埔浦圃溥薄礴簿博搏膊复腹蝮馥覆愎付符苻拊府俯腑腐附咐驸鲋

(11)

阜埠父斧釜丐钙干肝矸竿杆擀秆赶鼾罕汗旱悍捍焊奸岸刊轩甘泔柑疳酣邯钳甜敢橄瞰憨冈刚纲钢岗皋翱嗥高篙膏搞稿镐槁犒敲蒿嵩羔糕羹告诰造糙浩皓鹄靠窖酷梏訾戈戛嘎隔嗝膈各胳骼咯阁搁格恪洛落摞骆络烙酪略赂客额喀貉路露鹭

(12)

亘恒桓垣宣喧暄煊萱渲楦艮根跟哏痕很狠恨垦恳垠龈银眼艰限更埂梗哽鲠粳硬工攻功巩恐汞贡赣鸿空倥控腔肛缸杠扛江豇红虹讧仝公蚣松淞凇讼颂翁嗡螉瓮弓躬穹共供恭龚拱哄烘洪蕻勾沟钩构购古估沽咕轱姑菇辜故固锢痼涸枯骷苦胡湖瑚猢蝴糊葫怙

第三章　综合练习

（13）

骨滑猾谷俗豁浴峪欲裕瓜呱狐弧孤官倌棺馆管
菅绾宫贯惯灌鹳罐玃颧光咣胱恍晃幌广犷旷矿
扩床庞规窥圭闺硅鲑桂奎喹跬洼哇蛙娃卦袿挂
涯崖佳街鞋畦归屵鬼瑰瑰魁傀愧槐癸葵睽贵匮
溃聩篑遗衮滚磙郭廓锅剐祸涡莴窝蜗娲国蝈捆

（14）

果裹裸踝稞棵颗窠课过挝亥骇孩骸该赅阂核劾
颏咳刻害豁瞎辖割函涵翰瀚豪嚎毫喝褐渴遏葛
噶揭竭羯歇蝎谒蔼霭禾和科蚪合盒颔鸽给哈蛤
洽恰黑嘿墨默亨哼烹弘泓宏雄侯喉猴瘊候后逅
垢乎呼虎唬琥户沪护扈妒雇炉庐芦驴

（15）

化花华哗铧桦烨晔讹货寰鬟缳鹮兔涣焕唤换痪
黄磺蟥簧癀横灰恢诙盔回茴蛔洄徊会绘荟烩
桧侩脍彗慧惠穗昏婚火伙或惑域蜮缉辑楫揖
吉髻秸结洁诘拮桔颉撷黠及圾汲级极岌吸急稳
隐瘾即唧鲫脊瘠几讥饥叽机肌玑己记纪忌觊杞
起岂皑凯恺

方音矫正

(16)

季悸既暨屃溉概慨夹浃莢颊侠狭峡挟惬箧家嫁
稼加枷袈迦笳伽珈痂嘉茄咖架驾瘸甲钾岬押鸭
闸呷匣狎假遐瑕霞监槛褴蓝篮滥鉴尴笺钱贱溅
践钱浅线残盏栈间简锏涧兼嫌谦歉赚廉镰柬谏
阑谰澜斓见舰现苋砚宽建健毽键腱将浆桨奖蒋
酱锵

(17)

僵缰疆焦蕉礁憔樵瞧交郊姣胶蛟跤饺狡绞皎佼
铰较校效咬角解懈蟹邂确缴邀激檄叫纠赳收皆
谐偕揩楷捷睫戒诫械介芥界疥阶价尬斤近靳匠
沂祈芹欣掀锨听今矜妗吟琴黔岑涔金锦谨瑾馑
觐勤禁襟噤尽烬劲泾茎经颈径胫轻氢

(18)

京惊鲸景憬影琼就凉谅晾掠井阱进讲敬警儆擎
竞竟境镜迥炯九究鸠仇轨馗久灸玖疚枢臼舅柏
咎绺居剧据锯踞倨掬鞠菊举誉巨炬拒苣距矩渠
柜具俱惧飓句拘驹煦苟狗枸够佝捐涓娟鹃绢卷
倦眷圈蜷拳绻券豢厥撅橛镢蕨獗蹶鳜阙矍攫

(19)

决诀抉缺炔块快筷袂军皱晕恽郓荤浑诨挥晖辉
君郡裙群窘俊峻骏浚竣逡皴酸悛唆梭黢康慷糠
亢抗炕伉杭吭航沆肮坑考拷烤铐磕瞌嗑溘可苛
疴坷柯轲珂哥歌舸呵诃何荷菏河肯啃口扣叩否
兽库裤夸垮挎胯跨绔昆鲲棍辊馄混困捆来莱徕
睐

(20)

赖癞籁懒喇辣獭兰拦栏烂览缆揽榄劳捞痨崂唠
涝老佬姥乐砾栎烁铄雷镭蕾擂累嫘骡螺摞棱菱
凌陵绫离璃篱漓魑里厘狸娌喱理俚锂鲤量丽鹂
骊俪郦厉励砺蛎利俐莉痢梨犁黎鳢立粒笠泣拉
啦垃翋毅力历沥枥荔雳肋勒劣连莲涟链练炼拣

(21)

梁粱良粮踉娘酿狼琅郎廊榔螂朗浪两辆俩魉僚
獠撩嘹缭燎潦镣瞭寥廖谬缪了辽疗列咧冽烈裂
趔例林淋琳霖棽磷鳞麟嶙邻辚遴蔺躏灵棂令伶
囹玲铃苓羚聆蛉翎零龄岭领邻拎怜冷刘浏流琉
硫留溜熘馏榴瘤镏遛龙咙胧珑聋茏笼垄拢陇宠
隆窿

方音矫正

(22)

娄楼搂喽偻耧蒌篓镂瘘屡缕褛数擞卢泸颅轳虏
掳鲁橹撸噜鹿漉辘麓录禄碌绿氯吕侣铝闾梠虑
滤率摔蟀仑抡沦纶伦囵轮论罗逻萝箩锣麻嘛縻
靡摩磨蘑魔马妈蚂玛码骂吗买卖读渎牍犊黩赎
续窦瞒满懑螨蹒曼馒谩蔓漫幔慢莽蟒毛牦髦耄
橹撬耗

(23)

矛茅蟊蝥袤卯铆贸聊柳冒帽貌藐邈眉嵋湄楣媚
美镁门扪们闷焖闻问闽润闵悯闽孟猛锰蜢米咪
眯迷谜糜醚免勉冕娩挽晚面湎缅腼苗描瞄喵猫
锚蔑篾民岷泯抿眠明萌盟名铭茗酩冥瞑螟末茉
沫秣抹袜莫摸馍模谟膜漠寞摹蓦募幕墓暮慕蟆

(24)

牟哞眸某谋媒煤母拇姆毒每梅霉悔诲晦侮木沐
目苜钼睦那娜哪挪乃奶鼐扔仍奈捺南喃楠腩献
难滩摊瘫囊攮囔馕恼脑内讷呐纳钠尼妮泥怩呢
旎昵倪霓鲵阋你您念捻稔鸟袅枭岛捣捏涅聂镊
蹑嗫摄慑衣浓哝脓侬奴弩努弩怒疟虐谑彭澎膨

第三章 综合练习

(25)

朋棚硼鹏绷崩嘣蹦丕坏呸胚痞皮披疲彼被波菠
玻跛簸坡颇婆破票漂飘缥剽瓢嫖瞟骠膘镖鳔频
濒颦平评坪苹萍怦抨砰秤叵筐噗濮璞蹼醭普谱
七柒切窃沏砌彻妻凄萋漆膝其期欺棋萁祺旗麒
骐基箕奇骑崎绮倚旖漪椅畸犄寄乞讫迄屹吃疙

(26)

齐脐挤济剂荠契锲楔揳挈气汽忾千仟迁钎扦阡
纤跹歼忏签佥捡检剑脸敛殓险验前煎剪蒯箭遣
谴缱欠嵌羡坎砍软款吹炊强犟腔糨镪襁乔侨桥
娇骄矫轿巧窍且趄姐狙疽沮咀蛆粗助锄妾接霎
侵寝浸亲新薪秦榛臻禽擒噙青清蜻情晴请睛精
靖靓倩猜

(27)

顷倾颖秋鳅揪啾愁瞅锹丘蚯邱囚泗求球逑裘救
区岖驱躯妪讴欧瓯鸥呕沤怄抠眍曲蛐屈倔崛
窟取娶趣聚骤去祛却脚怯劫法砝珐泉腺全痊诠
醛拴栓然燃冉苒髯壬任茬饪妊淫赁凭人仁认刃
纫韧仞忍戎绒容蓉榕溶熔柔揉蹂糅如茹恕絮

(28)

辱褥缛耨若偌诺惹弱溺塞赛寨散馓霰撒桑搡嗓
啬穑樯墙蔷杀刹沙砂纱鲨杉衫山舢汕讪疝仙籼
灿炭碳扇搧煽骟善缮膳鳝商墒上让忘尚绱赏常
嫦裳徜敞氅堂棠膛倘淌躺趟党掌勺芍约药钓豹
尥哟灼酌奶少抄钞吵炒秒渺妙省

(29)

舌舍啥活阔聒话括刮鸹恬甜适畲赊申伸呻绅砷
神审婶抻坤身射麝谢榭深琛探甚葚椹谌勘戡堪
湛声磬罄馨生牲笙甥胜星猩猩醒戥性姓旌绳蝇
师狮蛳筛尸屎十什汁针石硕拓史使吏驶矢失秩
雉知蜘智痴踟疾嫉医肄疑凝跌迭铁式试拭轼弑

(30)

示视祟蒜士仕是匙提题堤氏舐纸芪市柿守狩寿
筹畴踌铸涛焘祷受授绶梳疏蔬叔淑菽椒督寂孰
熟塾属嘱瞩术述秫怵束漱嗽速簌悚嫩庶遮蔗鹧
刷唰涮朔槊塑溯嗍斯厮撕嘶思腮鳃崽葸丝咝鸶
司伺饲嗣词祠寺诗侍恃峙痔持等待特巳祀

(31)

叟搜嗖飕馊艘瘦嫂素嗉愫宿缩蓿肃萧潇箫啸算

第三章 综合练习

篡纂攥岁秽遂隧邃燧孙狲逊索嗦锁琐唢塌遏蹋
榻它佗陀驼鸵跎沱舵蛇台胎苔抬跆殆怠始治冶
怡贻饴笞泰傣太汰态覃谭潭唐塘搪糖滕藤腾誊
天添舔蚕吞田佃甸男条绦涤廷庭蜓霆挺艇铤梃

（32）
同桐铜筒洞侗胴恫童僮潼瞳幢憧撞秃颓土吐肚
杜牡退腿褪屯纯吨盹沌囤炖钝顿丸纨宛蜿剜豌
碗惋婉腕万迈王汪枉旺望狂逛匡哐诓筐框眶皇
隍惶徨凰煌蝗亡妄忘荒慌谎肓盲芒茫忙邙忙氓
虹微薇徽危桅诡跪脆韦违围苇伟纬韪讳

（33）
委逶诿萎痿倭魏巍矮尾娓未味妹昧寐魅畏偎
煨猥胃谓渭猬喟为伪尉蔚慰熨温瘟蕴愠文纹蚊
雯紊汶坟我哦俄峨娥鹅饿巫诬乌呜钨坞喔握
幄龌渥无芜妩抚吴蜈误娱虞武鹉赋五伍吾梧捂
悟晤焐痦语圄午竹杵许浒勿物忽噌惚囫笏吻刎

（34）
昔惜藉籍借猎鹊腊蜡醋措错析晰淅蜥皙西牺硒
茜栖洒晒希稀唏烯兮羲曦奚溪蹊悉蟋夕汐硅息
熄螅媳憩犀樨喜禧熹嘻嬉下吓虾忑夏厦先冼洗

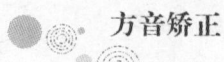
方音矫正

铣选宪鲜薛癣咸缄减碱感喊憾撼闲娴痫县悬相
湘厢箱想霜孀襄镶嚷瓤攘壤乡飨享淳鹑醇谆敦
墩

（35）

巷港向响饷晌象像橡小肖削消宵逍硝销霄悄俏
峭诮鞘捎稍潲艄哨孝哮教酵写泻辛锌莘梓辞
宰滓心芯沁刑型荆形行衡衔衍衙幸悻凶匈胸汹
酗秀绣锈莠诱透需儒孺濡嚅懦糯虚墟嘘觑胥婿
畜蓄搐玄眩炫弦舷旋漩璇薛孽蘖学觉搅血恤衅

（36）

熏醺熏旬询荀殉徇绚寻荨鲟讯汛迅牙呀鸦芽蚜
雅讶迓邪亚娅哑焉嫣蔫严俨酽阎焰陷馅谄掐言
唁炎淡氮啖谈痰毯延筵蜒涎诞奄掩淹阉腌庵鹌
俺偃堰宴晏揠雁赝鹰膺央殃秧鸯鞅怏盎英映羊
佯徉洋养氧痒样烊恙漾详祥翔姜羌蛲要腰

（37）

夭妖袄笑跃沃幺吆尧饶娆绕挠蛲浇侥跷翘骁晓
烧爻驳肴淆舀滔韬蹈稻耶椰揶也池驰他她拖施
迤夜液腋掖壹噎懿夷咦姨胰痍衣依裔袭颐熙姬
宜谊乙亿忆艺呓以拟似矣俟挨唉易蜴锡剔踢惕

第三章 综合练习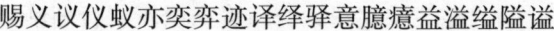

赐义议仪蚁亦奕弈迹译绎驿意臆癔益溢缢隘谥

（38）

因茵姻咽烟胭恩音喑窨谙暗黯阴荫寅演尹笋伊咿引蚓莺荧萤莹茔营萦荣嵘茕蒙檬朦婴缨璎樱鹦鹭盈楹赢嬴赢庸慵雍臃永泳咏用佣拥痈甬涌俑恿蛹踊通捅桶痛诵攸悠莜尤优忧犹莸鱿疣扰由油邮铀蚰釉柚抽妯轴宙胄袖笛迪酉酒酋遒有囿

（39）

右佑又友驭于迂盂竽宇芋吁禺隅愚寓遇偶藕余徐叙斜除蜍途涂荼俞渝愉逾瑜觎揄榆谕喻愈输偷鱼渔臾谀腴萸与屿禹龋予预豫序野墅抒舒羽诩栩翼育唷聿津律肆鸳怨苑元园鼋远院玩顽阮芫完烷皖莞浣冠袁猿辕原源愿援媛缓暖员圆陨殒勋损

（40）

缘橼篆月钥云芸耘运酝魂匀筠韵均钧允吮匝咂砸哉栽载裁戴截在茬赞攒臜臧藏早草蚤瘙搔骚责啧债绩则厕侧恻测铡泽择释曾增憎赠僧噌蹭扎札轧乍诈炸痄蚱蜡榨咋拃窄昨作怎摘滴嘀镝

方音矫正

嫡宅咤咜诧姹翟耀詹瞻赡蟾檐斩崭暂惭渐堑展
辗碾

（41）

占毡苫玷沾粘战站钻砧拈黏点店掂踮惦贴帖章
璋樟蟑獐彰障嶂幛瘴丈仗杖朝潮嘲爪笊抓兆晁
逃桃挑佻窕眺跳姚召招昭沼诏照超韶苕绍邵迢
髫笤貂折蜇哲浙逝誓者赭奢着蹠诸储都嘟猪煮
堵睹赌暑署薯曙屠绪珍诊疹趁真缜镇慎嗔贞侦
祯帧

（42）

争挣峥狰睁铮筝诤净静正证怔政症征整惩郑掷
踯支吱枝肢技伎屐妓豉翅之芝直值植殖置执挚
鸷势蛰热褒垫止址趾祉齿啮耻扯歧企只织职咫
帜炽识旨脂指诣稽嵇志痣至侄致桎蛭室窒制掣
中忠盅钟衷肿种仲冲忡重踵董懂周啁惆绸稠凋
碉雕调倜

（43）

州洲酬朱诛株茱侏铢珠蛛殊竹竺筑笃主拄住注
驻柱炷蛀贮伫苎专砖转啭传抟妆状壮装庄桩赃
脏椎锥唯惟维潍帷堆推崔催摧璀睢谁追缒槌卓

绰罩掉悼啄琢冢淄辎兹滋磁慈孳鹚糍子仔籽孜
字自咱宗综棕踪鬃淙崇总聪走陡徒奏揍凑

(44)

租阻组祖诅俎足促蹙捉龊卒猝悴萃啐淬瘁粹翠
碎醉最撮嘬尊遵樽鳟蹲左佐坐座挫锉矬痤

17. 多音字造句

阿：李阿(ā)姨最擅长阿(ē)谀逢迎。

挨：这挨(ái)打的小伙子是我挨(āi)肩儿的弟弟。

把：把(bǎ)梨把儿(bà)掰掉，洗了再吃。

伯：我的大伯(bǎi)子就是我丈夫的哥哥，我儿子
的伯(bó)伯。我大伯子的儿子和我儿子算是
叔伯(bai)兄弟。

别：你们俩刚闹了别(biè)扭，你就别(bié)去自讨
没趣了。

屏：她躲在屏(píng)风后屏(bǐng)息静听。

卜：卜(bǔ)大爷爱吃萝卜(bo)，爱占卜(bǔ)。

参：参(cān)加展销会的人参(shēn)的品质也是
参(cēn)差不齐呀！

藏：这件宝贝曾收藏(cáng)在西藏(zàng)的布达
拉宫。

方音矫正

叉：这仨小子，一个叉（chǎ）着腿，一个做出劈叉（chà）动作，一个双手叉（chā）腰，把小路整个儿给叉（chá）死了。

场：篮球场（chǎng）怎么变成打麦场（cháng）了？

吵：你们吵吵（chāochao）什么？谁再吵（chǎo）我就炒了他！

盛：主人盛（shèng）情款待我们，不住地给我们盛（chéng）饭、夹菜。

臭：空气无色无臭（xiù），而氯气是黄绿色，并有强烈的刺激性臭（chòu）味儿。

处：李处（chù）长刚被处（chǔ）决。

大：王大（dài）夫爱说大（dà）话。

逮：猫逮（dǎi）老鼠也要出示逮（dài）捕证吗？

当：我把你当（dàng）成当（dāng）家的了。

倒：山在水中的倒（dào）影是颠倒（dǎo）了的形象。

得：这事要办得（de）顺当，还得（děi）得（dé）到你的帮助。

地：他在承包地（dì）里辛勤地（de）劳作了五年。

度：我原以为你是个气度（dù）不凡的人，没想到你也会这样以小人之心度（duó）君子之腹。

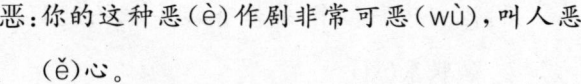

恶：你的这种恶(è)作剧非常可恶(wù)，叫人恶(ě)心。

发：这位理发(fà)师现在打起枪来已是百发(fā)百中。

佛：他笑起来的样子仿佛(fú)大肚子弥勒佛(fó)。

脯：他拍着胸脯(pú)说："我保证把这些果脯(fǔ)吃个精光。"

杆：旗杆(gān)上靠着一杆(gǎn)枪。

给：上级奖给(gěi)我们乡一批给(jǐ)水设备。

颈：长颈(jǐng)鹿硬着脖颈(gěng)子就是不低头。

供：他在供(gōng)销合作社供(gòng)职。

冠：这位世界冠(guàn)军不幸患了冠(guān)心病。

哈：这条哈(hǎ)巴狗爱照哈哈(hāhā)镜。

还：我的钱你怎么还(hái)不还(huán)呢？

喝：正在喝(hē)茶的王老五向歌手喝(hè)起彩来。

横：他蛮横(hèng)无礼，在当地横(héng)行霸道。

混：这个混(hún)蛋简直是个混(hùn)世魔王。

豁：这个豁(huō)嘴儿没有外交豁(huò)免权。

几：几(jǐ)个人饿得几(jī)乎丧命。

方音矫正

系：他一只手系(jì)着扣子,另一只手就打电话开始联系(xì)。

济：这几年济(jǐ)南市的经济(jì)搞得不错。

茄：我抽完雪茄(jiā)就吃番茄(qié)。

教：这位教(jiào)师善于教(jiāo)小孩识字。

校：他正在学校(xiào)校(jiào)对书稿。

解：这个姓解(xiè)的在押解(jiè)途中就被人解(jiě)开绳子溜了。

尽：尽(jǐn)管我们尽(jìn)了力,仍难达到尽(jìn)善尽美的程度。

劲：他的手腕很有劲儿(jìn),难怪写出的字刚劲(jìng)有力。

倔：他很倔(jué)强,有时候倔(juè)头倔脑的。

卡：卡(kǎ)车到哨卡(qiǎ)前被拦住了。

看：有这条狗看(kān)家,出去看(kàn)电影可就放心了。

空：他在一片空(kòng)地上做起了空(kōng)心砖。

拉：他拿着半拉(lǎ)馒头,边吃边拉(lā)锯,一不留神手上就拉(lá)了一个口子。

喇：他吹喇(lǎ)叭的时候嘴角流着哈喇(lá)子。

落:唱完莲花落(lào)回来,他落(là)在后面,被大雨浇成了落(luò)汤鸡。

勒:他勒(lè)令士兵把俘虏全部勒(lēi)死。

累:这个累(léi)赘,把我连累(lěi)得整天累(lèi)得要死。

俩:你们俩(liǎ)玩儿的什么伎俩(liǎng)?

凉:把泡的凉(liáng)茶凉(liàng)一凉(liàng)。

撩:他撩(liāo)起窗帘,看到了外面撩(liáo)人的春色。

淋:他听说自己染上了淋(lìn)病,紧张得大汗淋(lín)漓。

令:令(lìng)尊那儿还有一令(lǐng)纸。

露:在媒体的揭露(lù)下,这批贪官露(lòu)出了马脚。

绿:在这儿的青山绿(lǜ)水中活跃着不少绿(lù)林好汉。

捋:他捋(lǚ)着胡子,静等着对手捋(luō)胳膊进招。

论:他们就《论(lún)语》的思想性展开了热烈的讨论(lùn)。

麻:王麻(má)子天刚麻麻(mā)亮就背着麻(má)

方音矫正

绳赶集去了。

蚂：这是蚂(mǎ)蚁，那是蚂(mà)蚱。

埋：面对困难，不能一味埋(mán)怨，而应埋(mái)头苦干求发展。

脉：患有动脉(mài)硬化的母亲温情脉脉(mò)地看着儿子。

猫：这只熊猫(māo)正猫(máo)着腰在水泥管子里猫(māo)着。

没：轮船还没(méi)有沉没(mò)。

闷：这个闷(mèn)葫芦就知道闷(mēn)着头干活。

娜：丽娜(nà)小姐可真是婀娜(nuó)多姿，楚楚动人哪！

宁：我姓宁(nìng)的宁(nìng)可去宁(níng)夏打工，也不在家吃闲饭。

迫：敌人迫(pǎi)击炮的威胁已迫(pò)在眉睫。

仆：主仆(pú)二人前仆(pū)后继，先后为国捐躯。

嚷：你们嚷(rǎng)什么？都不要瞎嚷(rāng)嚷！

丧：父亲的丧(sāng)葬费没领到，他显得神情沮丧(sàng)。

折：他在这宗生意上是不折(zhé)不扣的瞎折(zhē)腾，结果折(shé)了本，跳楼了。

厦：厦(xià)门又崛起了不少高楼大厦(shà)。

色：五颜六色(sè)的衣服没有一件不掉色(shǎi)的。

帖：我只给了他一张请帖(tiě)和一本画帖(tiè)，他就对我俯首帖(tiē)耳了。

吐：严禁随地吐(tǔ)痰和上吐(tù)下泻。

相：相(xiāng)亲的人没相(xiāng)中他的长相(xiàng)。

旋：热烈欢迎黑旋(xuàn)风李逵凯旋(xuán)！

与：我与(yǔ)他都是与(yù)会代表。

饮：用饮(yǐn)料饮(yìn)牲口不一定好。

应：我们应(yīng)当里应(yìng)外合，一举攻下城门。

晕：她晕(yùn)车，一下车就晕(yūn)头转向的。

扎：小孩在包扎(zā)伤口和扎(zhā)针的时候，一直都在挣扎(zhá)。

择：他选择(zé)了择(zhái)菜的活儿。

炸：炸(zhà)弹把他炸(zhá)的炸(zhá)糕全炸(zhà)飞了。

涨：河水一涨(zhǎng)，滩里的豆子都泡涨(zhàng)了。

方音矫正

着：他下棋正支着(zhe)着(zhāo)呢,家里着(zháo)火了,只好着(zhuó)手救火。

爪："凤爪(zhǎo)"就是鸡爪(zhuǎ)子,有仨爪(zhuǎ)儿。

症：找准问题的症(zhēng)结所在,然后对症(zhèng)下药。

只：我只(zhǐ)吃了两只(zhī)兔子。

中：五个人中(zhōng)有一人中(zhòng)暑,两人中(zhòng)风,其余中(zhòng)毒,现在没一个中(zhōng)用的。

18. 报花名(贯口词)

(1)红牡丹、白牡丹、粉红牡丹(2)芍药、玫瑰、月季、蔷薇、朱槿(jǐn)、米兰(3)昙(tán)花、樱花、桂花、茶花、金银花、金芙蓉、金鸟花、月光花、鸡冠花、凤仙花、杜鹃花、喇叭花(4)玉簪(zān)花、玉兰花、玉蝉花、燕子花、蝴蝶花、天女花、八仙花、水仙花(5)海棠花、海桐花、腊梅花、石榴花、石楠花、石菖蒲(chāng pú)、十样锦(6)夹(jiā)竹桃、美人蕉、虞(yú)美人、洋绣球、晚香玉、百里香、郁金香、满天星(7)一品红、一串红、千日红、月月红、满堂红(8)紫丁香、紫茉莉、紫罗兰、紫藤罗(9)水浮莲、子午莲、菖蒲莲、并蒂(dì)莲、马蹄莲、西番莲、半支莲、半边莲(10)仙人掌、仙人鞭、仙人球、仙客来(11)春兰、蕙(huì)兰、剑兰、珠兰、君子兰、一叶兰、蟹爪兰(12)夏菊、翠菊、洋菊、墨菊、藤菊、千日菊、佛头菊、金鸡菊、延命菊、万寿菊……

19. 测试作品 22 号——可爱的小鸟

王文杰

没有一片绿叶,没有一缕炊烟,没有一粒泥土,没有一丝花香,只有水的世界、云的海洋。

一阵台风袭过,一只孤单的小鸟无家可归,落到被卷到洋里的木板上,乘流而下,姗姗而来,近了,近了!……

忽然,小鸟张开翅膀,在人们头顶盘旋了几圈儿,"噗(pū)啦"一声落到了船上。许是累了?还是发现了"新大陆"?水手撵它它不走,抓它,它乖乖地落在掌心。可爱的小鸟和善良的水手结成了朋友。

瞧,它多美丽,娇巧的小嘴,啄(zhuó)理着绿色的羽毛,鸭子样的扁脚,呈现出春草的鹅黄。水手们把它带到舱里,给它"搭铺",让它在船上安家落户。每天,把分到的一塑料筒淡水匀给它喝,把从祖国带来的鲜美的鱼肉分给它吃,天长日久,小鸟和水手的感情日趋笃(dǔ)厚。清晨,当第一束阳光射进舷(xián)窗时,它便敞开美丽的歌喉,唱啊唱,嘤嘤有韵,宛如春水淙淙(cóng)。人类给它以生命,它毫不悭(qiān)吝地把自己的艺术青春奉献给了哺(bǔ)育它的人。可能都是这样?艺术家们的青春只会献给尊敬他们的人。

小鸟给远航生活蒙上了一层浪漫色调。返航时,人们爱不释手,恋恋不舍地想把它带到异乡。可小鸟憔悴(qiáocuì)了,给水,不喝!喂肉,不吃!油亮的羽毛失去了光泽。是啊,我们有自己的祖国,小鸟也有它的归宿,人和动物都是一样啊,哪儿也不如故乡好!

慈爱的水手们决定放开它,让它回到大海的摇篮去,回到蓝色的故乡去。离别前,这个大自然的朋友与水手们留影纪念。它站在许多人的头上、肩上、掌上、胳膊上,与喂养过它的人们,一起融进那蓝色的画面……

20. 测试作品 31 号——"能吞能吐"的森林

森林涵养水源,保持水土,防止水旱灾害的作用非常大。据专家测算,一片十万亩面积的森林,相当于一个两百万立方米的水库,这正如农谚所说的,"山上多栽树,等于修水库。雨多它能吞,雨少它能吐。"

说起森林的功劳,那还多得很。它除了为人类提供木材及许多种生产、生活的原料之外,在维护生态环境方面也是功劳卓著,它用另一种"能吞能吐"的特殊功能孕育了人类。因为地球在形成之初,大气中的二氧化碳含量很高,氧气很少,气温也高,生物是难以生存的。大约在四亿年之前,陆地才产生了森林。森林慢慢将大气中的二氧化碳吸收,同时吐出新鲜氧气,调节气温:这才具备了人类生存的条件,地球上才最终有了人类。

森林,是地球生态系统的主体,是大自然的总调度室,是地球的绿色之肺,森林维护地球生态环境的这种"能吞能吐"的特殊功能是其他任何物体都不能取代的。然而,由于地球上的燃烧物增多,二氧化碳的排放量急剧增加,使得地球生态环境急剧恶化,主要表现为全球气候变暖,水分蒸发加快,改变了气流的循环,使气候变化加剧,从而引发热浪、飓风、暴雨、洪涝及干旱。

为了使地球的这个"能吞能吐"的绿色之肺恢复健壮,以改善生态环境,抑制全球变暖,减少水旱等自

方音矫正

然灾害,我们应该大力造林、护林,使每一座荒山都绿起来。

21. 测试作品 32 号——朋友和其他

台湾　杏林子

朋友即将远行。

暮春时节,又邀了几位朋友在家小聚。虽然都是极熟的朋友,却是终年难得一见,偶尔电话里相遇,也无非是几句寻常话。一锅小米稀饭,一碟大头菜,一盘自家酿制的泡菜,一只巷口买回的烤鸭,简简单单,不像请客,倒像家人团聚。

其实,友情也好,爱情也好,久而久之都会转化为亲情。

说也奇怪,和新朋友会谈文学、谈哲学、谈人生道理等等,和老朋友却只话家常,柴米油盐,细细碎碎,种种琐事。很多时候,心灵的契(qì)合已经不需要太多的言语来表达。

朋友新烫了个头,不敢回家见母亲,恐怕惊骇(hài)了老人家,却欢天喜地来见我们,老朋友颇能以一种趣味性的眼光欣赏这个改变。

年少的时候,我们差不多都在为别人而活,为苦口婆心的父母活,为循循善诱的师长活,为许多观念、许多传统的约束力而活。年岁逐增,渐渐挣脱外在的限制与束缚,开始懂得为自己活,照自己的方式做一些自己喜欢的事,不在乎别人的批评意见,不在乎别人的诋(dǐ)毁流言,只在乎那一份随心所欲的舒坦自然。偶尔,也能够纵容自己放浪一下,并且有一种恶作剧的窃喜。

就让生命顺其自然,水到渠成吧,犹如窗前的乌桕(jiù),自生自落之间,自有一份圆融丰满的喜悦。春雨轻轻落着,没有诗,没有酒,有的只是一份相知相属(zhǔ)的自在自得。

夜色在笑语中渐渐沉落,朋友起身告辞,没有挽留,没有送别,甚至也没有问归期。

已经过了大喜大悲的岁月,已经过了伤感流泪的年华,知道了聚散原来是这样的自然和顺理成章。懂得这点,便懂得珍惜每一次相聚的温馨,离别便也欢喜。

22. 熟语、诗句顶真续麻练习(250 个)

肝肠寸___子绝孙损公肥___心杂___念有___不达
___在言___强中___将莫邪(yé)夜长梦___多益___始

方音矫正

善__南捷__情直遂岁寒三友有朝一__复一__久见人__如止__性杨__前月__笔千言,离题万__通外__泰民__之若__昧平__不逢__势造英__心壮__大才__不间__者痛,仇者__人快__无伦次此地无银三百__虎相斗,必有一__筋动骨一百__无绝人之__遥知马力,日久见人__安理__人心者得天__车伊__终如__不做,二不__戚相__门大__人自有天__机行__不关己,高高挂__早贪__云压城城欲__枯拉__木不可__梁画__梁之材财大气__茶淡__后百步走,活到九十__牛一__手毛__踏实__动山__尾乞__香惜__洁冰__水出芙蓉,天然去雕饰适得其__其道而行__乎者也野鹤闲__山雾罩照猫画__虎有生__冲斗__鬼蛇__乎其__不知,鬼不觉绝处逢__离死__有天__广人__奇古__模怪样怏怏不__在其__庸之__听途__三道__通八__官贵__面兽__照不宣喧宾夺主煮豆燃萁旗开得胜,马到成__败垂__也萧何,败也萧__乐而不__所欲__非作歹待字闺__流砥柱著书立__长道__兵相__二连__军易得,一将难__人不如求己挤眉弄__不见,心不烦凡事预则立,不预则废沸沸扬__汤止__反盈道酬__能补拙捉摸不__国安邦榜上无名,脚下有__

不拾遗,夜不闭户怙(hù)恶不悛(quān)权宜之___日而___价而___名钓誉鹬(yù)蚌(bàng)相争,渔翁得___欲熏___猿意___放南山,刀枪入库苦尽甘___龙去脉卖官鬻(yù)爵绝代佳人忍气吞声生花妙___落惊风雨,诗成泣鬼___通广___旱之望云霓(ní)泥牛入___阔凭鱼跃,天高任鸟___禽走兽授受不___如手___不出户___互通有___源之水,无本之___雕泥塑肃然起___业乐___策群___不胜___人宰___鸡焉用牛___耕火___瓜得瓜,种豆得___蔻年___而不___言相___老还乡相形见绌(chù)触景伤___随事迁千里之行,始于足___笔如有___采奕奕(yì)易如反___上明___联璧___而为___无是处触类旁___今博___为今用,洋为中___武之___老天___无人___波浩___无音讯迅雷不及掩___目一___官上任三把___树银___花绿___水青___盟海___不罢___养生___息相___风报___以为___才实___然后知不足,教然后知___兽犹___志昂___长避___小精___然不___盼自___才大___表寸___明眼亮量才录___兵如___清气___心悦___中无___才济___一___堂正___本清___远流___命百___月峥嵘戎马倥偬(kǒng zǒng)总而言之知己知彼,百战百___人一___筹踌躇(chóu chú)满___在四___兴未艾爱屋及___合之___目睽睽揆(kuí)

情度(duó)＿＿直气＿＿志未酬愁眉不＿＿眼舒＿＿飞色＿＿文弄＿＿守成＿＿行矩＿＿人后尘陈词滥＿＿兵遣＿＿门虎＿＿虚乌＿＿机可＿＿虚而＿＿乡随＿＿不可＿＿人寻＿＿同嚼蜡拉家带＿＿说无凭,立字为证政出多＿＿可罗雀鹊巢鸠＿＿山为＿＿侯将相,宁有种乎呼天抢＿＿主之谊异端邪＿＿东道西熙熙攘＿＿外必先安＿＿忧外＿＿难之＿＿口称＿＿古非＿＿非昔＿＿上不足,比下有＿＿勇可贾(gǔ)……

23. 中国主要城市(贯口词)

北京、上海、天津、重庆;香港、澳门;河北的石家庄、邯郸、邢台、承德、唐山、秦皇岛;山西的太原、大同、阳泉、长治、临汾;内蒙古的呼和浩特、满洲里、包头、赤峰、通辽;辽宁的沈阳、大连、鞍山、抚顺、丹东、铁岭;吉林的长春、延吉、四平、通化;黑龙江的哈尔滨、大庆、齐齐哈尔、伊春、佳木斯、牡丹江、大兴安岭;江苏的南京、苏州、常州、扬州、无锡、南通、徐州、镇江、淮安、常熟、连云港;浙江的杭州、宁波、温州、绍兴、金华、台州、湖州、衢州;安徽的合肥、芜湖、黄山、马鞍山、蚌埠、阜阳、安庆;福建的福州、厦门、泉州、漳州、三明、南平;台湾的台北、高雄、台南、台中;江西的南昌、九江、景德镇；山东的济南、青岛、潍坊、日照、烟台、威海、淄博、泰安、曲阜、菏泽；河南的郑州、洛阳、开封、安阳、漯河、南阳、商丘、新乡；湖北的武汉、宜昌、荆州、黄石、襄阳、十堰；湖南的长沙、岳阳、湘潭、衡阳、株洲、常德、张家界；广东的广州、深圳、珠海、佛山、东莞、中山、惠州、梅州、汕头、江门；广西的南宁、桂林、柳州、梧州；海南的海口、三亚；四川的成都、乐山、绵阳、自贡、内江、泸州、南充、攀枝花；贵州的贵阳、遵义、安顺、六盘水；云南的昆明、大理、个旧、曲靖、丽江、西双版纳；西藏的拉萨、那曲、日喀则、昌都、林芝、噶尔；陕西的西安、延安、咸阳、宝鸡、汉中、韩城；宁夏的银川、吴中、石嘴山、固原、青铜峡；甘肃的兰州、天水、嘉峪关、武威、张掖、酒泉；青海的西宁、格尔木、德令哈；新疆的乌鲁木齐、石河子、克拉玛依、吐鲁番、哈密、喀什、伊宁。